市域社会治理现代化理论与实践探索

李帆 ◎ 著

图书在版编目（CIP）数据

市域社会治理现代化理论与实践探索 / 李帆著 . — 成都：四川大学出版社，2023.11
ISBN 978-7-5690-6346-2

Ⅰ．①市… Ⅱ．①李… Ⅲ．①城市管理－社会管理－现代化管理－研究－中国 Ⅳ．① D63

中国国家版本馆 CIP 数据核字（2023）第 174825 号

书　　名：	市域社会治理现代化理论与实践探索
	Shiyu Shehui Zhili Xiandaihua Lilun yu Shijian Tansuo
著　　者：	李　帆

选题策划：杨　果
责任编辑：陈克坚
责任校对：杨　果
装帧设计：裴菊红
责任印制：王　炜

出版发行：四川大学出版社有限责任公司
　　　　　地　址：成都市一环路南一段 24 号（610065）
　　　　　电　话：（028）85408311（发行部）、85400276（总编室）
　　　　　电子邮箱：scupress@vip.163.com
　　　　　网　址：https://press.scu.edu.cn
印前制作：四川胜翔数码印务设计有限公司
印刷装订：四川省平轩印务有限公司

成品尺寸：170 mm×240 mm
印　　张：10.25
字　　数：196 千字

扫码获取数字资源

版　　次：2023 年 11 月 第 1 版
印　　次：2023 年 11 月 第 1 次印刷
定　　价：50.00 元

四川大学出版社
微信公众号

本社图书如有印装质量问题，请联系发行部调换

版权所有 ◆ 侵权必究

前　言

习近平总书记指出："当前和今后一个时期是我国各类矛盾和风险易发期，各种可以预见和难以预见的风险因素明显增多。"[①] 高风险带来高度不确定性，如何使我国既充满活力又和谐有序，党的十八大以来，习近平总书记就加强和创新社会治理作出了一系列重要论断，科学回答了有关新时代社会治理的一系列方向性、全局性、战略性重大问题。

市域是社会治理宏观和微观的转承点，是治理方式现代化的集成体、重大风险的终结地。市域社会治理是社会治理体系和治理能力在市域范围内的落实和体现，把市域社会治理现代化作为切入点和突破口，有效提升市域社会治理专业化、法治化、智能化和社会化水平，不仅能够促进社会更加和谐稳定，也能为建设更高质量的平安中国提供坚实保障。党的二十大报告指出："加快推进市域社会治理现代化，提高市域社会治理能力。"[②] 推进市域社会治理现代化，是实现国家治理体系和治理能力现代化的必然选择，是新时代完善基层治理的重要手段，同时也是社会矛盾的有效化解途径和方法。

本书以章布局，共七章。第一章是对相关概念进行界定，论述了社会治理、市域社会治理以及市域社会治理现代化的含义，为接下来探讨市域社会治理现代化的相关内容奠定了理论基础。第二章介绍了市域社会治理现代化的特征、模式与时代性，并且以台州市为例阐述"中国之治"的具体内涵；区分了现在的市域治理现代化与传统社会治理现代化之间的差别，阐述了"市域"二字的特殊含义以及市域社会治理现代化的前瞻性、科学性等突出特点。第三章论述了在新发展格局下的市域社会治理现代化。推进市域社会治理现代化是经得起时间考验的新概念，首先要厘清认知误区、明确路径方

[①] 习近平. 习近平谈治国理政：第4卷［M］. 北京：外文出版社，2022：117.

[②] 习近平. 高举中国特色社会主义伟大旗帜　为全面建设社会主义现代化国家而团结奋斗——在中国共产党第二十次全国代表大会上的报告［M］. 北京：人民出版社，2022：54.

向乃是当务之急。其次要对市域社会治理现代化重新进行价值定位，在新发展格局下推进市域社会治理，体现经济繁荣、政治稳定、社会和谐、城乡融合、区域平衡、生态美好、生活幸福等价值追求。最后我们要用新发展理念推进市域社会治理朝着现代化方向发展，有效推进市域社会治理现代化。第四章介绍了市域社会治理现代化的四个载体，分别是提升党建的引领作用、发挥社会组织的协同纽带作用、依托公众参与的自治活力、打造科技支撑的智治平台。第五章论述了市域社会治理现代化的四个内在动力，即在整体治理中坚持行动协同，在风险治理中坚持责任共担，在分类治理中坚持利益共享，在基层治理中坚持民主协商。第六章从法治保障的角度，提出了推进市域社会治理现代化的重要举措。第七章叙述了市域社会治理现代化的目标，从四个方面进行了论述，分别是推进平安建设，保障公共安全与社会稳定；更新要素结构，实现智慧治理；建设公民道德素质体系，促进社会和谐稳定；推进总体规划，提升全民幸福指数。市域社会治理是全面推进市域社会不断发展的治理，市域社会的发展是在不断追求高质量治理效能中的发展，因此，上述目标都是市域社会治理现代化进程中用好发展与治理辩证法的进阶性目标。

  在知识体系中，本书更注重系统性，通过展开层层论述，达到良好的阅读效果。在应用上，本书提供部分案例，方便读者更好地理解理论，更加注重实际效果。希望本书的出版，能够给相关工作者提供一些借鉴。

目 录

第一章 相关概念界定……………………………………………（1）
 第一节 社会治理………………………………………………（1）
 第二节 市域社会治理…………………………………………（23）
 第三节 市域社会治理现代化…………………………………（39）

第二章 市域社会治理现代化的特征、模式、时代性与案例探索……（51）
 第一节 市域社会治理现代化的特征和模式…………………（51）
 第二节 市域社会治理现代化的时代性………………………（55）
 第三节 市域社会治理现代化的探索
    ——台州市的"中国之治"………………………………（60）

第三章 新发展格局下市域社会治理现代化……………………（64）
 第一节 推进市域社会治理现代化要厘清的误区……………（64）
 第二节 新发展格局下市域社会治理现代化的价值定位……（66）
 第三节 以新发展理念指引市域社会治理现代化道路………（70）

第四章 市域社会治理现代化的载体……………………………（81）
 第一节 提升党建的引领作用…………………………………（81）
 第二节 发挥社会组织的协同纽带作用………………………（87）
 第三节 依托公众参与的自治活力……………………………（90）
 第四节 打造科技支撑的智治平台……………………………（94）

第五章 市域社会治理现代化的动力……………………………（100）
 第一节 整体治理——坚持行动协同…………………………（100）
 第二节 风险治理——坚持责任共担…………………………（105）

第三节 分类治理——坚持利益共享……………………………………（110）
第四节 基层治理——坚持民主协商……………………………………（113）

第六章 市域社会治理现代化的法治保障……………………………（117）
第一节 市域社会治理现代化法治保障的现状及问题…………………（117）
第二节 加强市域社会治理现代化法治保障的途径……………………（121）

第七章 市域社会治理现代化的目标……………………………………（128）
第一节 推进平安建设，保障公共安全与社会稳定……………………（128）
第二节 更新要素结构，实现智慧治理…………………………………（132）
第三节 建设公民道德素质体系，促进社会和谐稳定…………………（138）
第四节 推进总体规划，提升全民幸福指数……………………………（144）

参考文献……………………………………………………………………（153）

后　　记……………………………………………………………………（157）

第一章 相关概念界定

党的十八大以来，习近平总书记高度重视社会治理，发表了一系列重要讲话，作出了一系列重要指示，提出了许多新思想、新观点、新举措，形成了一系列关于社会治理的重要论述，是习近平新时代中国特色社会主义思想的重要组成部分，为新时代加强和创新社会治理指明了方向。2018年6月4日，在延安干部学院新任地市级党委政法委书记培训示范班开班仪式上，中央政法委秘书长陈一新提出"市域社会治理现代化"的概念①，引起了理论界和实务界的广泛关注。2019年10月，党的十九届四中全会明确提出"加快推进市域社会治理现代化"②，适应了新时代新发展阶段社会治理向市域层级的梯度递进和空间延伸。2020年10月，党的十九届五中全会强调"加强和创新市域社会治理，推进市域社会治理现代化"③，对市域社会治理做出新一轮部署。上述一系列顶层设计凸显了市域社会治理现代化的重要性与紧迫性。

第一节 社会治理

党的二十大报告高度重视社会治理，对推进社会治理现代化作出了新部署，提出了新要求，为新时代推进社会治理工作明确了目标任务和行动方向，也为社会治理研究提供了新理念、新视角和新动力。社会治理是一门科

---

① 陈一新. 推进新时代市域社会治理现代化[N]. 人民日报，2018-07-17（007）.
② 中共中央关于坚持和完善中国特色社会主义制度 推进国家治理体系和治理能力现代化若干重大问题的决定[M]. 北京：人民出版社，2019：30.
③ 中国共产党第十九届中央委员会第五次全体会议文件汇编[M]. 北京：人民出版社，2020：61.

学，且意义重大，对于社会治理到底是什么这一基本问题，如果概念不清，我们就无法明确社会治理的范围，无法评判社会治理的效果，无法阐明影响社会治理的因素，无法有效推动社会治理的政策实践。因此，有必要澄清社会治理的概念。

一、"社会治理"概念的由来

为全面准确地理解社会治理，首先要对概念进行知识考古。通过对中外治理理论演进过程的梳理，界定社会治理的内涵外延、实施主体、影响因素、实施目标等。

（一）西方治理理论的发展历程

"治理"（Governance），来源于拉丁文和希腊语，原意是"控制、引导和操纵"，是相对于传统的"统治"而言的，主要用于与国家公共事务相关的管理活动和政治活动。翻译成中文时，可以理解为"统治""管理""决策过程"。20世纪90年代，西方学术界开始出现"治理"一词。罗西瑙是治理理论的先驱。他在《21世纪的治理》和《没有政府统治的治理》中指出，"治理"是一系列活动当中的规则体系，是在共同目标的支撑下进行的。相比于政府统治，治理具有更深刻的内涵，其中包括政府机制，但是不限于政府机制，包含非正式的、非政府的机制。他揭示了治理的权威不必基于某些国家机构设施，治理权力通过合作、配合、谈判和社会网络及邻里关系而运行。

"治理"全新内涵出现的历史背景主要有以下几个方面：一是市场机制在市场经济中失灵。资本主义初期，亚当·斯密提出"无形之手"（invisible hand），强调市场机制对社会经济生活的自动调节作用，各国政府很少采取措施干预经济运行。亚当·斯密在他的几部著作中都引入了这一理念，例如1759年出版的《道德情操理论》和1766年出版的《探究国家财富的性质和原因》①。古典经济学理论认为，自由竞争市场是最好的市场模式，政府不应过分干预，应当放任其发展。但自由竞争的结果是资本的集中，导致垄断资本出现，最终出现经济危机。二是政府干预的负效应。20世纪30年代，西方政府不得不寻求国家干预的经济管理模式，即凯恩斯主义。为应

---

① 有的著作将其翻译为《国富论》。

对金融危机，美国总统罗斯福奉行凯恩斯的国家干预主义政策，制定了大量的国家干预经济的立法和政策，美国的经济危机得到了一定程度的缓解。但是，西方国家相继建立了社会福利制度，引发了新的问题，如政府财政支出不断增加、财政赤字严重等。为了有效平衡市场机制失灵与政府干预缺陷的矛盾，"治理"理论应运而生。有学者曾指出："为了弥补市场缺陷和纠正政府失灵，广大行政管理学者提出对政府治理范式进行创新，由此而成的治理理念，从内外两方面对作为现代化的绝对主权观念提出了挑战。"[1] 三是科学技术快速发展的需要。21世纪后，在以数字技术为核心的高新技术的推动下，世界经济发生了显著变化。尤其是随着大数据技术的出现，信息的发布、传输、获取和存储使人们的工作方式和组织方式发生改变，出现了高风险的虚拟经济，需要新的治理模式。为应对现代经济社会的重大变革，韩国政府提出了政府行政3.0版本：政府主动向公众开放信息，共享数据，提高国家事务的透明度，保障民众参与社会治理的积极性。总之，以大数据为核心的科技革命对传统的政府管理模式提出了挑战，为新的治理模式的出现提供了重要契机。

（二）我国"社会治理"理论的提出

中国传统治国理政思想中就有"治理"的意蕴，更强调"管理"或"统治"，如荀子在《君道》中指出："明分职、序事业，材技官能，莫不治理。"[2]《汉书》提出："壹切治理，威名远闻。"[3] 自此之后，"治理"逐步延伸出"修理""政绩""治国理政"之意。1992年，全球治理委员会发布的题为《我们的全球伙伴》的报告中，对"全球治理"做了较为系统的阐述。报告认为"治理"是个人和制度、公共部门与私有部门管理其共同事务方法的总和。结合中国语境，可以将"治理"理解为各种公共的或私人的个人和机构管理其共同事务的诸多方法的总和，是使相互冲突的或不同利益得以调和，并采取联合行动的持续过程，表现出民主性、公共性、组织性等特征。

2013年11月，党的十八届三中全会通过《中共中央关于全面深化改革若干问题的决定》，提出了"完善和发展中国特色社会主义制度，推进国家治理体系和治理能力现代化"[4] 的总目标；并进一步强调，创新社会治理必

---

[1] 方忠. 全球化下政府治理理念创新的透析与展望[J]. 兰州学刊，2004（3）：29.
[2] 荀况. 荀子[M]. 谢丹，书田，译注. 太原：书海出版社，2001：122—123.
[3] 班固. 汉书[M]. 张永雷，刘丛，译注. 北京：中华书局，2016：214.
[4] 中共中央关于全面深化改革若干重大问题的决定[M]. 北京：人民出版社，2013：3.

须着眼于维护最广大人民的根本利益，最大限度地增加和谐因素，创新社会发展活力，提高社会治理水平，需要改进社会治理方式，激发社会组织活力，健全公共安全体系，创新有效预防和化解矛盾机制。这是中国共产党成立以来，首次将"社会治理"写入官方文件，是党执政理念的新变化，逐步打造"共建共治共享"新格局。

"治理"和"管理"一字之差，体现的是系统治理、依法治理、源头治理、综合施策。社会治理由社会管理演化而来。2005年，中共中央政治局常委、国家副主席曾庆红在《不断提高构建社会主义和谐社会的能力》[①]的讲话中就使用过"社会治理"一词，但当时仅仅停留在观念层面。党的十八届三中全会明确提出"社会治理"[②]的概念，党的十八届四中全会提出"提高社会治理法治化水平"[③]，党的十八届五中全会提出"推进社会治理精细化"[④]，党的十九大报告提出"打造共建共治共享的社会治理格局"[⑤]。

"社会管理"向"社会治理"的转变，反映了我国行政管理模式的重大变革。从根本上讲，这代表了中国共产党执政理念的创新。其一，从主体上看，社会治理具有显著的多主体特征。传统的"管理"通常具有"控制"的含义。社会管理的主体是公权部门，主要由政府负责。社会管理的权力运行模式是自上而下的（top-down）。但是，社会治理不仅包括政府管理，还包括社会自治，这充分体现了社会治理主体的多样性，即除政府之外，它还包括社会组织等诸多社会群体，其权力运行除自上而下之外，更多的是平行运行的。其二，社会治理更多的是非强制性和谦抑性的，这一点是与社会管理相比较而言的。传统上，社会管理的公共权力通常是通过行政命令来实现的，行政命令不可避免地具有一定的强制性。社会治理更多地强调治理主体的多元性，治理主体不再是"政府"这一单一的主体。社会治理主张社会上的主体广泛参与现代化建设过程，既要采用行政命令的方式，也要广泛采用协商、协作和自治等非强制性方式。

---

① 中共中央文献研究室. 十六大以来重要文献选编：中［M］. 北京：中央文献出版社，2006：726.

② 中国共产党第十八届中央委员会第三次全体会议公报［M］. 北京：人民出版社，2013：6.

③ 中共中央关于全面推进依法治国若干重大问题的决定［M］. 北京：人民出版社，2014：27.

④ 中国共产党第十八届中央委员会第五次全体会议公报［M］. 北京：人民出版社，2015：17.

⑤ 习近平. 决胜全面建成小康社会 夺取新时代中国特色社会主义伟大胜利——在中国共产党第十九次全国代表大会上的报告［M］. 北京：人民出版社，2017：49.

二、社会治理产生的原因

任何一种社会管理模式的产生都有其必然性，社会治理作为国家治理的有机组成部分，要追求规章制度的实施力度，不是将管控社会作为目标，而是要将制度优势转变成治理效能，从而推动社会和个人的全面发展。社会实质上是具有耦合性、开放性和适应性的复杂网络系统。社会治理是十分庞大的系统工程，其产生的原因主要包括以下几个方面。

（一）符合社会主要矛盾转化的需求

中国特色社会主义进入新时代，我国社会的主要矛盾已经转化成人民日益增长的美好生活需要同不平衡不充分发展之间的矛盾。2013 年 11 月，党的十八届三中全会提出"社会治理"的概念，此后，社会矛盾的转变成为社会治理发展的主要因素。根据马克思主义关于事物发展的量变与质变及其辩证关系，社会主要矛盾的转化是经过长时间的量变而产生的。党的十九大报告用了"已经转化为"[①]这一措辞，说明在党的十九大召开前，我国社会的主要矛盾已经发生变化，再经过一段时间的转化积累，在党的十九大召开之时，已经完成转化，实现了量变向质变的飞跃。

改革开放以来，随着我国综合国力的快速提升，人民对美好生活的需要和向往越来越广泛、越来越丰富。习近平总书记强调："人民生活显著改善，对美好生活的向往更加强烈，人民群众的需要呈现多样化多层次多方面的特点，期盼有更好的教育、更稳定的工作、更满意的收入、更可靠的社会保障、更高水平的医疗卫生服务、更舒适的居住条件、更优美的环境、更丰富的精神文化生活。"[②]这八个方面的"更"，突出体现了人民群众对解决直接关系自身现实生活需要问题的渴望。人民群众的主人翁意识不断觉醒，参与社会治理的意愿越来越强烈，传统的社会管理模式已经不能适应新时期社会发展的需要，构建新型社会管理模式就显得尤为重要且意义深远。因此，有必要突破政府单一主体，推动多主体参与社会治理，创新社会治理方式。

在新中国成立后相当长的一个时期，我国形成了城乡二元结构，城乡发

---

① 习近平. 决胜全面建成小康社会　夺取新时代中国特色社会主义伟大胜利——在中国共产党第十九次全国代表大会上的报告［M］. 北京：人民出版社，2017：11.
② 习近平. 习近平谈治国理政：第 2 卷［M］. 北京：外文出版社，2017：61.

展差距不断拉大。改革开放以来,我国不断调整发展思路,力图打破城乡分割的二元体制。如何缩小城乡之间的发展差距,实现乡村振兴,使社会更加公平正义,是我国社会治理亟待解决的现实问题。① 我国社会主要矛盾的转化所产生的问题十分复杂,仅仅依靠传统的社会管理模式,远远达不到预期效果。无论是人民对美好生活的向往,还是社会经济发展的不平衡和不充分,都在呼唤新的社会治理模式的产生。

全面建成小康社会,是我国实现社会结构现代化的一个重要阶段。在迈向全面建成小康社会的历史征程中,中国社会结构发生了深刻变革,这是社会主要矛盾转化的原因之一,也是社会治理的深层原因。社会结构的内涵包括两个方面:一是生活在一个群体(如家庭或社区)内的人所建立的内部制度化关系,特别是关于职能作用的等级组织和规范行为的规则和原则。二是构成一个整体的社会组织关系(社会网络),这种社会组织关系是由阶级差异、教育程度差异和财富水平差异构成的。这种社会组织关系通过塑造各种机会,并通过培养特定的行为和互动规范来决定人们的人生历程和结果,从而起到构建力量的作用。社会结构由社会制度和制度化关系模式组成,社会结构既是社会互动的产物,又直接决定着社会互动。改革开放以来,我国在人口结构、家庭结构、城乡结构、阶层结构和社会心理结构等方面发生了显著的变化。② 面对社会结构的深刻变化,必须更新执政理念,创新管理手段,社会治理的理念和方法应运而生。

(二)国家治理体系和治理能力现代化的应有之义

从历史发展的角度看,新中国成立后,中国共产党以马克思、恩格斯的国家学说和苏联建设社会主义国家的经验为基础,打破了传统的封建统治思想和西方资产阶级治理思想,开始探索符合中国国情的治国之路。在此过程中,以毛泽东、邓小平、江泽民和胡锦涛为代表的党的历届领导人在探索治国道路的过程中虽并未直接提出"国家治理"的概念,但却间接提出了与"国家治理"概念相近或相似的概念,从中可以看到国家治理概念的萌芽。③ 党的十八届三中全会指出:"全面深化改革的总目标是完善和发展中国

---

① 瞿红霞. 加强和创新社会治理的必要性与路径选择 [J]. 哈尔滨学院学报,2020 (2): 22.
② 瞿红霞. 加强和创新社会治理的必要性与路径选择 [J]. 哈尔滨学院学报,2020 (2): 22.
③ 周雯雯,寇清杰. "中国特色社会主义制度"与"国家治理现代化"的缘起、内涵及关系 [J]. 广西社会科学,2021 (2): 45-46.

特色社会主义制度，推进国家治理体系和治理能力现代化。"[①] 这对我国政治发展乃至整个社会主义现代化建设事业都具有重大的理论和现实意义。2019年10月31日，党的十九届四中全会通过了《中共中央关于坚持和完善中国特色社会主义制度 推进国家治理体系和治理能力现代化若干重大问题的决定》。该决定指出："必须在坚持和完善中国特色社会主义制度、推进国家治理体系和治理能力现代化上下更大功夫。"[②] 该决定也提出具体目标："到我们党成立一百年时，在各方面制度更加成熟更加定型上取得明显成效；到二〇三五年，各方面制度更加完善，基本实现国家治理体系和治理能力现代化；到新中国成立一百年时，全面实现国家治理体系和治理能力现代化，使中国特色社会主义制度更加巩固、优越性充分展现。"[③] 国家治理体系指的是在党的引领下管理国家的制度体系，包含政治、经济、文化、党的建设和生态文明等机制，是非常完整与协调的一套国家制度。国家治理能力指的是利用国家制度对社会各个方面的事务进行管理的能力，包含国防军事、内政外交、治国发展等多个方面。社会治理体系是国家治理体系重要的构成元素，社会治理能力也是国家治理能力非常重要的组成部分。推进国家治理体系和治理能力现代化，必须让社会治理吐故纳新，加快形成科学有效的社会治理体系，提高社会治理的能力和水平。因此，创新社会治理是推进国家治理体系和治理能力现代化的应有之义，党关于国家治理体系和治理能力现代化的战略部署是社会治理的重要原因。

三、社会治理概念界定及实施方法

社会治理是新时代社会建设的一项根本任务，是完善和发展中国特色社会主义制度，推进国家治理体系和治理能力现代化的一项重要工作。理解社会治理，首先要明确其基本概念和实施办法。

（一）社会治理概念界定

社会治理（social governance），是指政府、社会组织、企事业单位、社

---

① 中国共产党第十八届中央委员会第三次全体会议公报［M］．北京：人民出版社，2013：4．
② 中共中央关于坚持和完善中国特色社会主义制度 推进国家治理体系和治理能力现代化若干重大问题的决定［M］．北京：人民出版社，2019：4—5．
③ 中共中央关于坚持和完善中国特色社会主义制度 推进国家治理体系和治理能力现代化若干重大问题的决定［M］．北京：人民出版社，2019：5—6．

区以及个人等多种主体通过平等的合作、对话、协商、沟通等方式，依法对社会事务、社会组织和社会生活进行引导和规范，最终实现公共利益最大化的过程。其根本目的是维护社会秩序、促进社会和谐、保障人民安居乐业，营造稳定安全的发展环境。社会治理的概念历经三个阶段，即最初的社会调节，然后是社会管理，最后是社会治理。

社会管理是人类社会必不可少的管理活动，要形成和保持一定的社会秩序，就必须有一定形式的社会管理。社会管理的任务艰巨而繁重，涉及的方面非常广，包括政治、经济、文化、社会、生态等多重内容，涵盖家庭、社区、农村、城市和网络社会等多个领域。"社会治理"的着力点在于，激发社会组织参与社会治理的活力，增强社会凝聚力，利用社会组织为广大民众提供公共社会服务，满足社会公众对社会服务的各种需求，预防和化解社会各种矛盾，对社会治理体系进行完善。社会治理要实现从管理到服务的转变，从过去政府一元化管理体制转向政府与各类社会主体的多元化协同治理体制，注重社会力量参与社会治理，强调多元共治，而不单单强调政府的单一功能。在解决社会纠纷和社会矛盾上，社会管理更偏向于强调政府的行政干预，突出政府的作用，而社会治理更注重法治的力量，依法有效化解矛盾纠纷，共建社会主义和谐社会是社会治理的重要内容。社会治理强调依法治理模式的同时，也同样注重道德治理模式、文化治理模式和科技治理模式。社会治理是国家治理的重要组成部分，建立更加完善的社会治理体系，最有效的方式是对政府、市场和社会三者间可能产生的合作方式和冲突方式进行更加深入的研究。

社会治理以实现社会公共利益或者社会整体利益最大化为目标，由此可以衍生出社会治理的两大理念，分别是以人民为中心的理念和公共服务理念。其一，以人民为中心的理念。在社会治理中将以人为本、促进人的全面发展贯穿整个治理过程，始终将人民群众作为社会治理的中心，一切从人出发，将人权、尊严、幸福、健康等人民对美好生活的向往作为社会建设和社会治理的最终价值目标。中国共产党的宗旨是全心全意为人民服务，人民立场是中国共产党的根本政治立场，是马克思主义政党区别于其他政党的显著标志。为人民谋幸福是中国共产党的初心，推进国家治理现代化的重要目的，是不断满足人民日益增长的美好生活需要。要坚持社会治理为了人民，坚守人民立场、秉持人民至上，倾听人民群众的诉求，尊重人民群众的意见，保护人民群众的权益，把人民群众的事当作自己的事，为社会治理打下坚实的群众基础。人民性是社会治理的终极目标和价值追求，人民也是社治理的主体，要始终坚持群众路线，一切为了群众、一切依靠群众，从群众中来、到群众中去。人民是一个整体，由不同的社会群体构成，同时包含着具体的个体，要引导人民充分发挥自我管理、自我服务、自我教育的自治精神，团结合作、相互交流，共同进行社会治理。社会治理要满足人民对美好生活的需要，要善于把社会治理的效能转化为人民群众对社会治理的满意度和获得感。其二，公共服务理念。社会治理的重要内容是政府、社会组织或者企事业单位提供公共服务，规范和引导社会事务，进而达到治理社会的目的。行政服务在日常生活中无处不在，并且发挥着重要作用，它是一种公共服务，不是针对某一特定的人群，它的对象是社会全体成员，使每个人都能够平等享受政府、社会组织或者企事业单位提供的行政公共服务。实际上，社会治理的过程就是社会治理主体为社会公众提供行政公共服务的过程，社会治理的目的之一是为社会大众提供高质量、高效率的行政公共服务，社会治理的方式是改进提供公共行政服务的途径和方式。政府在社会治理过程中，通过提供行政公共服务的方式适应当今时代的要求，改变政府的行政理念和行政方式，最终建立服务型政府。公共服务理念，"公共服务"是本质。该理念应贯穿政府管理、服务型政府建设和提供公共服务的整个过程。在社会治理过程中，政府作为社会治理的主体之一，要不断提升自身的公共服务水平，提高社会治理效能，不断满足人民群众的公共服务需求，加强人民群众对政府的认同感和归属感。政府作为社会治理的重要主体，在社会治理过程中应始终贯彻公共服务理念，其他主体也需要坚持将公共服务理念应用于社会治理过程中。

（二）社会治理的实施方法

社会治理是一门科学，必须从我国具体实际出发，走自己的路。这就要求必须同我国的根本政治制度和经济社会发展水平相适应，坚持经济与社会协调发展，调动各方面力量，实现社会治理体系和治理能力现代化。

1. 坚持治理新模式

党的十八大以来，习近平总书记提出治理新模式，即系统治理、依法治理、综合治理和源头治理，并使其不断深化和拓展。这是从社会管理到社会治理的主要标志，是社会治理能力的集中体现，彰显了新时代中国特色社会主义治理理论的创新。

（1）系统治理是系统思维在治理领域的体现，强调社会治理的动态性、关联性、协同性，要求社会治理系统既能与其他系统相协调又能自身良性运转。其包括两个层面的内涵：一是要将社会治理同政党治理、国家治理等统筹规划、综合协调，使其相互协作配合，从而达到共赢。二是在整个社会治理过程中要将问题统一归类，找出共通性问题，将其作为一个整体系统的治理。社会治理的工作内容纷繁复杂，需要将不同的治理主体联系起来，相互配合，最终形成党委领导、政府负责、民主协商、社会协同、公众参与、法治保障、科技支撑的社会治理体系，打造"共建共治共享"的社会治理格局。

（2）依法治理是建设社会主义法治国家、法治政府、法治社会的重要方式，强调治理主体要有法治思维、法治意识，行为要符合法治的规范与要求，坚持法律面前人人平等，任何组织或者个人都不能有超越法律的特权，任何人违反法律都要受到追究。依法治理要坚持以事实为依据、以法律为准绳，严格依照事实和法律进行，确保治理的有效性与合法性。善于运用法治思维和法治方式统筹社会力量、平衡社会利益、调节社会关系、规范社会行为，依靠法治解决各种社会矛盾和问题，确保我国社会在深刻变革中既生机勃勃又井然有序。

（3）综合治理指坚持依法治国与以德治国相结合、依法治国与依规治党有机统一，综合运用法律、党规、纪律等制度性规则和公共道德、公序良俗等非制度性规则，更好地规范社会行为、调节利益关系、协调社会关系、解决社会问题，使社会既安定有序又充满活力。社会的多元发展，使单一的治理手段已经不能适应现代社会治理的需求。同样，治国理政是一个复杂的系统工程，单靠一种方法和手段是不行的，应该多措并举，多管齐下。比如，依法治国是治理国家的重要手段，但是也不能放弃以德治国，应该把依法治国和以德治国结合起来。道德作为非强制性的社会规范，是社会的"软治理"手段，是处理国家与社会、国家与集体、国家与公民以及群体与群体、群体与公民、公民与公民关系的重要行为准则。没有道德约束的社会治理，绝非善治或良治。施行包括道德约束在内的综合治理，使社会成员的利益关系既是合"法"的又是合"义"的。脱离道德约束但还没有违反法律的行为，在社会学上叫作越轨行为，严重损害社会风气，要有针对性地综合治理。

（4）源头治理指要抓住问题、矛盾、纠纷产生的源头和根本，将其在萌芽时期、基层阶段、激化为对抗性矛盾之前进行解决，强调标本兼治、重在治本，要努力探究问题产生的根本原因，抓住主要矛盾和矛盾的主要方面。

但这并不是说可以忽视治标,所谓治标性治理,就是传统的应急性治理以及一些具体的治理方式,其合理内涵在社会治理创新中仍然需要坚持和发展。我们过去对源头治理的重视不够甚至忽视,没有把治标与治本有机结合起来。今后应坚持源头治理,强调标本兼治、重在治本。

系统治理、依法治理、综合治理和源头治理不是简单地组合,而是融合为具有标志性、全局性、引领性的治理范式,体现出刚性治理与柔性治理相结合、社会服务与社会治理相结合、社区治理与社会治理相结合、政府主导与多方参与相结合、科学精神与人文关怀相结合、治标与治本相结合等。社会治理与国家治理在实践上是统一的,出发点与归宿是实现好、维护好、发展好最广大人民的根本利益。

2. 将社会主义核心价值观融入社会治理全过程

党的二十大报告提出:"健全共建共治共享的社会治理制度,提升社会治理效能。"① 新时代建立社会治理的长效机制,推进社会治理现代化,需充分发挥社会主义核心价值观的引领作用,将其融入基层治理体系和治理能力中。在社会治理中贯彻社会主义核心价值观,是治国理政的内在要求,有利于实现国富民强、人民民主、团结和谐;有利于促进人的自由发展,保障平等、公平正义;有利于促进公民热爱国家、诚实守信、爱岗敬业、和谐友善。

核心价值观承载着一个民族、一个国家的精神追求,体现着一个社会评判是非曲直的价值标准。培育和弘扬核心价值观,有效整合社会意识,是社会系统得以正常运转、社会秩序得以有效维护的重要途径,也是国家治理体系和治理能力的重要方面。"历史和现实都表明,构建具有强大感召力的核心价值观,关系社会和谐稳定,关系国家长治久安。"② 在社会治理的过程中,将理论与实践相结合,将制度与理念相衔接,必将从精神层面为社会治理提供强大的精神感召力,促进社会治理稳定高效推进,实现国家治理能力的现代化。

3. 提升人民群众的自治能力

人民群众既是社会治理的参与者,也是社会治理的受益者,必须充分发

---

① 习近平. 高举中国特色社会主义伟大旗帜 为全面建设社会主义现代化国家而团结奋斗——在中国共产党第二十次全国代表大会上的报告[M]. 北京:人民出版社,2022:54.
② 习近平. 习近平谈治国理政:第1卷[M]. 北京:外文出版社,2018:163.

挥群众在社会治理中的主体作用,提升人民群众的自治能力,不断激发其内生动力,有效提升社会治理能力。人民群众的自治能力是社会治理现代化的基础,是人民群众主人翁意识觉醒的重要体现。自治能力与社会治理效能呈正相关,群众自治能力越强,社会治理效能就越高。要始终坚持从群众中来,到群众中去,坚持深入群众、联系群众、服务群众,这是加强和创新社会治理必须遵循的基本路线,有利于广泛推动人民群众参与社会治理,打造"共建共治共享"的社会治理格局。

4. 将信息科技融入社会治理

科学技术为加强和创新社会治理提供了有力支撑。在社会治理中,要充分发挥科学技术的优势,逐步打破"事后应对"的治理模式,变被动为主动,增强社会治理的事先预警能力和风险排除能力,完善应对机制,体现社会治理能力的前瞻性功能。要强化互联网思维,利用互联网扁平化、交互式、快捷性优势,推进政府决策科学化、社会治理精准化、公共服务高效化,用信息化手段更好感知社会态势、畅通沟通渠道、辅助决策实施,构建社会治理"智治"模式,实现信息数据的开放共享,服务于新时代社会治理。

四、社会治理的主体、影响因素及实现目标

现阶段我国处于社会矛盾凸显期,社会矛盾错综复杂。社会治理重在妥善处理社会矛盾,维护社会和谐稳定,在此过程中,主体日趋多元、影响因素日益复杂、目标更加丰富。

(一)社会治理的主体

《中共中央关于全面深化改革若干重大问题的决定》对改进社会治理方式进行了阐述:加强党委领导,发挥政府主导作用,鼓励和支持社会各方面参与,实现政府治理和社会自我调节、居民自治良性互动。从该决定中可以看出,社会治理的主体包括:党——中国共产党、政——政府、群——群团组织、社——社会组织、民——广大人民群众等。

1. 坚持党的领导

火车跑得快,全靠车头带。中国共产党的领导是中国特色社会主义最本

质的特征，是中国特色社会主义制度的最大优势。党的领导地位不是自封的，而是历史的选择、人民的选择。党政军民学，东西南北中，党是领导一切的。首先，党的领导能够提升基层治理的引领力。确保党始终总揽全局、协调各方，基层治理就有了"主心骨"，确保社会治理的航船行稳致远。其次，党的领导能够提升基层治理的组织力。党的基层组织建设得到加强，就能深入推进以城市街道党工委为核心，基层社区居委会和党委为基础，社区内居民党小组等各类党组织为网络，驻区单位以及"两新"（新经济和新社会）组织为补充的区域化大党建新格局；就能通过构建党委领导、党政统筹、简约高效的乡镇（街道）管理体制，持续为基层降压减负，不断为基层赋权赋能，不断把组织优势转化为社会治理效能。最后，党的领导能够提升基层治理的执行力。建设人人有责、人人尽责、人人享有的社会治理共同体，就是要坚持党建引领社会治理共同体协商议事，探索如何在一个"条块分割"的多层级政府体系内，使不同层级的党组织横向联动以整合社会资源而形成社会治理的合力，以不同层级的社会治理共同体为载体，构建共同解决社会问题的体制机制和规则规范，完善"共建共治共享"的社会治理制度，最大限度地调动广大干部的积极性、主动性、创造性，使"枫桥经验"在基层治理中得到鲜活体现。

2. 发挥政府的主导作用

政府的主导作用不是包办一切，而是健全社会治理的体制机制，完善社会治理的政策法规，引导和支持社会力量积极参与社会治理。例如，健全利益表达、利益协调、利益保护机制，引导群众依法行使权利、表达诉求、解决纠纷；改革社会组织管理制度，鼓励和支持社会力量参与社会治理、公共服务，激发社会活力；支持各类社会主体自我约束、自我管理；发挥市民公约、乡规民约、行业规章、团体章程等社会规范在社会治理中的积极作用；加强社会治理基础制度建设，建立国家人口基础信息库，完善社会信用体系，健全社会心理服务体系和疏导机制、危机干预机制，等等。

3. 发挥社会组织的桥梁纽带作用

在中国社会的变迁中，秩序的重建迫切需要第三方力量的参与，以实现政府、市场和社会力量共同参与协作的多元治理格局，从而形成与之相应的广泛的社会公共责任机制，有利于推动政府职能转变，促进服务型政府建设。一方面，社会组织可以有效地承接政府部分职能，尤其是行业协会类的社会组织在承担政府职能方面表现出明显的专业优势，如决策咨询、行业标准制定、资质资格类的考核、行业调查与统计、诚信建设、展览展销、价格协调以及行业性的集体谈判等。另一方面，社会组织可以有效地协助政府处理一些棘手问题，例如与民众的沟通、社会矛盾的调节、突发事件的应对等。此外，社会组织还能有效推动政府决策的科学化，在传递行业领域意见、反映百姓诉求等方面发挥桥梁和纽带作用。

4. 坚持人民群众的主体地位

社会治理要以人为本，把增进人民福祉、促进人的全面发展作为根本出发点和落脚点，把人民放在心中的最高位置，坚持全心全意为人民服务，实现好、维护好、发展好最广大人民的根本利益，从而真正满足人民对美好生活的向往。我们要紧紧抓住群众参与基层社会治理的着力点使实劲、见实效，调动广大群众的积极性、主动性、创造性，推动建设人人有责、人人尽责、人人享有的社会治理共同体。首先，激发内生动力。群众既是基层社会治理的参与者，也是基层社会治理的受益者，必须充分发挥群众在基层社会治理中的主体作用，不断激发其内生动力。基层党组织要及时回应群众利益关切，领导群众参与基层社会治理，努力以看得见、摸得着的治理成效增强群众的获得感、幸福感、安全感，提升群众参与基层社会治理的自觉性。其次，拓展参与渠道。畅通群众参与渠道，搭建多元化协商平台，并以制度化的方式固定下来，有利于改变基层社会治理手段单一、资源匮乏的状况，进一步拓展群众参与的广度和深度。以城乡社区为依托，着眼人民群众多层次、差异化、个性化的需求，培育和发展各类服务性、公益性、互助性的社区社会组织，引导群众参与基层公共事务和公益事业，发挥其在创新社会治理、服务保障民生等方面的积极作用。最后，强化制度支撑。切实保障群众有效参与基层社会治理，需要完善相应制度。要健全相关法律法规，明确群众参与基层社会治理的权利和义务，统一和规范赋权事项、参与形式、实践流程等，明晰基层政府、社会组织、公民个人等治理主体的权责关系、职能范围，厘清权利边界，使群众参与基层社会治理有法可依、有章可循。

（二）社会治理的影响因素

补齐能力"短板"，是当前推进社会治理现代化面临的首要问题。社会治理的影响因素是多方面的：有理念方面的，也有治理体系和治理能力方面的。为加快推进社会治理现代化，我们应该从以下几个方面着手。

1. 社会治理理论仍需不断完善

党的十八届三中全会提出社会治理理论，是新时代中国特色社会主义建设的又一大创新。党的十八届三中全会规定了社会治理的主体和社会治理主体参与社会治理需要遵守的基本原则，这是宏观的、方向性的，在实践中，需要进行精细化、合理化的安排。党的十九届四中全会通过的《中共中央关于坚持和完善中国特色社会主义制度　推进国家治理体系和治理能力现代化若干重大问题的决定》提出"完善党委领导、政府负责、民主协商、社会协同、公众参与、法治保障、科技支撑的社会治理体系"[①]，这一论述更加明确了各类主体在社会治理中的关系和地位，要求充分发挥各级党委的领导核心作用，强化各级政府的主体责任，增强社会各方参与社会治理的能力和活力。

由于固有的印象，有人会误以为"社会治理"就是"社会管理"，但无论从广义的角度，还是从狭义的角度，治理和管理之间都存在差异。一是社会管理凸显政府本位，强调政府的主导作用，表现为政府全面管理、制定和实施政策和战略，提供服务和活动；社会治理以社会利益为重点，确保利益相关者的可持续增长。二是社会管理注重效率；社会治理主张"共建共治共享"，不断增强人民群众的获得感、幸福感、安全感。三是社会管理是政府单一主体参与的；社会治理是自上而下的多方参与，政府在其中发挥主导作用。四是社会管理方式主要为行政命令，是强制性的；社会治理注重民主协商。相比较而言，社会治理是一种全新的社会管控模式，不同于以往的社会管理，有十分丰富的内涵，更强调和谐、发展等内容。同时，社会治理理论是一个开放的体系，随着社会经济的发展变化，社会治理理论的内涵也在不断创新。

2. 社会治理监督体系仍需不断优化

党的十八大以来，我们探索出一条跳出历史周期率的成功道路，构建起一套行之有效的权力监督制度和执纪执法体系，这条道路、这套制度必须长期坚持并不断巩固发展。党的十九届中央纪委五次全会强调，要更加突出发挥监督治理效能，使正风肃纪反腐更好地适应现代化建设需要。这是全面从

---

① 中共中央关于坚持和完善中国特色社会主义制度　推进国家治理体系和治理能力现代化若干重大问题的决定 [M]. 北京：人民出版社，2019：28.

严治党的根本遵循,是推动国家治理体系和治理能力现代化的必然要求。社会治理是一项复杂工程,涉及社会生活的各个方面,监督体系的建立是十分必要的,但当前相关监督体系仍落后于社会治理的发展水平,原因主要有以下几点。一是相关法律法规体系尚不完善。社会治理监督体系的建立要做到有法可依,但目前法律法规并未对社会治理监督的相关活动做出明确的法律界定。在当前法律法规体系尚不完善的情况下,很容易出现权责不明、监督困难等问题。谁来监督,监督边界如何,是接下来我们立法工作的重点。二是社会公众的参与程度不高。受教育、文化、经济水平等多重影响,作为最广泛的监督主体——社会公众,往往难以发挥其监督作用。一方面是社会公众的监督意识不强、能动性不高;另一方面是社会治理的监督渠道比较单一,导致社会公众难以行使其监督权利,无法通过官方的平台发出自己的声音,社会公众监督的成本增加。三是社会治理相关信息政策发布平台未有效建立。社会治理是一项繁复浩大的系统工程,社会治理的政策要得到有效执行,就需建立一个专门的社会治理相关信息政策平台,通过平台进行信息传递,可以更好地解决社会治理过程中的沟通难问题。监督是治理的内在要素,在管党治党、治国理政中居于重要地位。要不断优化社会治理监督体系,进一步推动监督体系的制度优势更好地转化为治理效能。

3. 社会治理人才培养仍需加强

习近平总书记强调:"人才是实现民族振兴、赢得国际竞争主动的战略资源。"①面对多样化的社会治理需求,不仅要实施多元社会治理主体的协商共治,让人民群众广泛参与社会治理决策过程,更要着眼现实需求,培养一批高素质、专业化的社会治理人才,提高社会治理的效率和水平。但当前社会治理领域相关人才的培养远不能满足实际需求,原因主要有以下几点。一是培养的重视程度不够。社会治理领域的人才由于其专业性强、投入大,一般的社会组织没有能力培养。当前社会治理处在创新发展阶段,而社会治理领域人才培养的完整体系尚未建立。二是专业性要求较高。社会治理领域的人才由于需要较强的专业性,培养周期较长,普通社会组织难以负担,这就直接限制了社会治理领域相关人才的有效增加。三是就业面过窄,难以吸引优秀人才。当前,社会治理仍处于初始阶段,社会治理的相关工作岗位较

---

① 习近平. 决胜全面建成小康社会 夺取新时代中国特色社会主义伟大胜利——在中国共产党第十九次全国代表大会上的报告[M]. 北京:人民出版社,2017:64.

少，导致社会治理工作对优秀人才的吸引力不足。

社会治理领域人才的培养是一项系统性工程，可以通过以下途径来实现。第一，建立政府培养与社会组织培养相结合的培养模式。相较于社会组织，政府专业性强、资源丰富，能通过行政命令等多种方式推动社会治理人才培养体系的完善和发展；社会组织更加贴近群众，能够了解社会治理需要哪些领域的人才。因此，通过政府与社会组织联合培养，能够更好地发掘和培养相关人才。第二，推动高校增设相关专业。培育社会治理人才不是一蹴而就的，在高校增设社会治理专业，建立科学合理的培养机制。一方面，可以增加相关人才的理论知识；另一方面，也可以引起社会公众对社会治理相关工作的重视，且通过高等院校与地方合作，不仅能推进社会治理理论创新，还能实现理论与实践相结合。第三，完善社会治理相关岗位的设置。当前社会治理相关岗位的设置仍不完善，出现"学无所用"等问题，以至于社会治理人才大量流失，且影响社会治理效率。通过增加相关工作岗位，完善编制、配置，可以吸引社会治理人才，丰富社会治理人才保障体系。第四，完善社会治理奖励与考核体系。通过正向激励，可以提高社会治理人才的积极性，激励措施可以由政府和社会组织进行。通过官方或者非官方奖励的体系化建设，可以使人才更好地为人民服务。通过考核机制，可以选拔出优秀的社会治理领域相关人才，使这些人才有效发挥其作用。社会治理，人是关键因素。遵循全链条、全方位、全过程的人才培养原则，在人才引进、培养、使用和服务上下功夫，持续优化人才发展生态，才能为推动社会治理创新提供坚实支撑。

4. 社会治理仍需更多社会力量积极参与

当前，我国社会治理面临资源配置不足、公共服务质量有待提高的现实挑战，迫切需要拓宽治理参与渠道、优化资源配置与提升公共服务质量。这是党对社会治理全面领导下的治理主体多元化、各要素或子系统协同化以及资源与服务共享化的过程。社会力量是社会主体之一，对社会治理的最终效果具有重要影响。但是，当前社会力量对社会治理的参与度较低，主要原因有以下几点。一是社会力量参与社会治理的意识不强，主观能动性较低。对于社会力量中的中青年而言，由于学习和工作繁忙，难以有更多空余时间参与社会治理，这是其参与意识不强的客观原因。另外，当前社会治理的参与奖励机制尚不完善，这也是社会力量参与意识不强的一个重要原因。二是社会力量参与社会治理的渠道较为单一。社会力量参与社会治理，往往只能通过社区基层途径来进行，由于各种条件的限制，社会力量难以发挥其最大的效用。同时，无法将群众的积极性有效调动起来，在某种程度上而言，是一种资源浪费。三是社会力量的专业化程度不高。参与社会治理需要专业知识与相关经验，对于一部分社会力量而言，其组织程度不高，缺乏相关的专业知识。且在参与社会治理的社会力量中，受过良好教育的中青年参与程度低，这也客观上使社会治理缺少专业化团体。社会力量参与基层社会治理必须实现社区与社会组织、社会工作者、社区志愿者、社会慈善资源的"五社联动"，让更多的主体都能平等地享受参与社会治理的权利与义务，拓展社会治理的社会力量参与渠道，真正实现社会的协同治理。

综上所述，社会治理理论、社会治理监督体系、社会治理人才、社会治理的社会力量等对社会治理的效能有着重要影响。在社会治理实践中，要充分整合各种资源，推动社会治理现代化的实现。

（三）社会治理的实现目标

世界银行认为，一个良好的社会治理是创造和维持一个强有力和公平发展的环境的核心，也是健全经济政策的重要补充。[①] 国际货币基金组织将这一概念定义为一个广泛的概念，涵盖国家治理的所有方面，包括其经济政策、监管框架和遵守法制。[②] 联合国亚洲及太平洋经济社会委员会认为，一个良好的社会治理是参与性的、以共识为导向的、负责的、透明的、反应迅速的、有效和高效的、公平和包容的，并遵循法治。[③] 良好的社会治理应确保尽可能减少腐败，考虑少数群体的意见，并在决策过程中听取社会最弱势群体的声音。它还对社会当前和未来的需要做出反应。通常需要满足以下标准。①参与性（participation），这是实现有效社会治理的基石。②法治性（rule of law），意味着需要公平的法律程序和公正执法的体系。③透明度（transparency），意味着信息可以由人们自由获取，且信息能以易于理解的形式通过媒体进行充分表达。④响应性（responsiveness），当社会产生某种

---

① World Bank. Governance and development (English) [R]. Washington, D.C.: World Bank Group, 1992.

② International Monetary Fund (IMF). The IMF and Good Governance[EB/OL]. (2023-04-01)[2023-10-23]. https://www.imf.org/en/About/Factsheets/Sheets/2023/The-IMF-and-Good-Governance.

③ United Nations Economic and Social Commission for Asia and the Pacific. What is Good Governance? [EB/OL]. (2009-09-01)[2023-10-23]. https://www.unescap.org/sites/default/files/good-governance.pdf.

需求时，这种需求能得到相关部门的积极响应。⑤共识导向（consensus oriented），社会各界达成广泛共识，如什么是最符合整体利益的，以及如何实现这一目标。⑥公平和包容性（equity and inclusiveness），意味着一个社会的福祉取决于确保它的所有成员都觉得他们参与其中，没有感到被排除在外。这需要一切群体，尤其是最弱势群体，有机会增强他们的幸福感。⑦有效性和效率（effectiveness and efficiency），意味着产生满足社会需要的结果，同时最大化利用其可支配的资源。⑧责任性或者问责制（accountability），政府组织、私营企业和社会各组织都要对广大民众及利益相关方负责。

社会治理的目标既是推进社会治理的力量源泉，也是检验社会治理效果好坏的重要标准。在不同阶段，社会治理的目标具有不同的标准。改革开放前期，社会治理的主要目标是解决人民群众的温饱问题，让人民群众过上物质富裕的生活。新时代，我国矛盾源头复杂、矛盾内容关联叠加、矛盾数量增多、矛盾范围拓展、矛盾风险叠加，跨行政区域、跨人群范围特征凸显，迫切需要主体充分合作、部门整体联动、信息开放共享，增强治理的整体性、协调性、系统性，推进市域社会和谐稳定和良性发展，实现人民对美好生活的向往。总而言之，社会治理的最终目标是走向善治，实现公共利益最大化。

1. 形成社会治理新格局——"共建共治共享"

2019年1月中央政法工作会议上，习近平总书记指出："打造共建共治共享的社会治理格局。"① 习近平总书记着眼于全面深入做好新时代政法各项工作，为新的历史条件下加强和创新社会治理指明了方向。"共建共治共享"这一社会治理目标的提出，是国家在推进社会治理实践过程中的产物，是新时期继续推进社会治理的新目标和新模式。打造"共建共治共享"的社会治理格局，是社会主义本质及尊重人民群众主体地位在新时代的重要体现和实践展开。它意味着由过去偏重追求经济增长转向更加重视推动人的全面发展和社会全面进步，参与主体从政府主导转向党委领导、政府负责下的社会多元主体共同治理，治理方式从自上而下的单向管理转向政府和多元主体良性互动，等等。这一新的社会治理理念和实践强调坚持发展为了人民、发展依靠人民、发展成果由人民共享，重视全民积极参与、共同建设和共同治理，不断满足人民日益增长的美好生活需要。一是"共建"。共建是社会治

---

① 习近平．习近平谈治国理政：第3卷［M］．北京：外文出版社，2020：353．

理中的基础环节,是指社会治理主体共同参与社会建设,鼓励和引导企事业单位、社会组织、人民群众积极参与。在教育、医疗、卫生、就业、社保以及社会服务等领域,在坚持党委领导、政府负责的前提下,为市场主体和社会力量发挥作用创造更多机会,增强社会力量参与社会建设的能力。二是"共治"。共治满足人民群众参与社会治理的需求,强化人民群众的"主人翁"地位。充分发挥各级党委在社会治理中总揽全局、协调各方的领导核心作用,同时强化各级政府抓好社会治理的责任制,保障人民群众在社会治理事务中依法实现自我管理、自我服务、自我教育、自我监督。三是"共享"。共享指共同享有治理成果。社会治理的物质和精神成果不是由某个群体或者某个人所享有的,而是共同享有,要惠及社会大众。加强和创新社会治理,归根到底是为了不断满足人民日益增长的美好生活需要,让人民群众共同享有治理成果,使人民群众有实实在在的获得感、幸福感、安全感。"共建共治共享"是社会治理构建的目标,是社会治理工作的行动指南,对社会治理的实践有着重要的指向性作用。要打破以往不平衡、不充分的发展格局,让社会治理的成果惠及更多人民群众,真正做到以人民根本利益为中心。

2. 完善社会治理制度,建设社会主义现代化强国

建设社会主义现代化强国包含的内容十分广泛。一是经济发达。经济发达意味着国家经济发展水平较高、人民生活水平和质量较高、社会秩序稳定而和谐的一种经济社会状态。经济发达是建设社会主义现代化强国的核心,包含高质量发展等内容。发展经济需要不断创新社会治理机制,实现有效的经济发展模式,随着社会治理的不断革新来推动社会经济的发展。二是制度完善。我国要建设社会主义现代化强国,必须完善各类制度,包括经济制度、法律制度、文化制度等。随着社会治理工作的深入,推动社会主义现代化强国的各项制度不断完善。三是共同富裕。共同富裕是中国特色社会主义的根本原则和本质要求。共同富裕指的是全体人民通过辛勤劳动和互帮互助最终达到丰衣足食的生活水平。社会治理就是以人民的利益为中心,以先富带动后富,调整国民收入的再分配模式,让社会经济发展的成果惠及全体人民。四是人民幸福。虽然幸福有许多不同的定义,但它通常被描述为一种积极的情绪和较高的生活满意度。人民幸福是社会治理的重要目标,社会治理的效果如何、社会治理实现的程度如何等问题,都应把人民是否幸福作为评判指标和价值标准。

我们党走过的百年历程,就是以制度建设推动党的自身建设,进而推动

中国革命、建设、改革伟大事业的历程。党的十八大以来，我们党更是以前所未有的力度，坚持和完善各项制度，不断推动制度优势转化为治理效能。党的十九届四中全会审议通过了《中共中央关于坚持和完善中国特色社会主义制度　推进国家治理体系和治理能力现代化若干重大问题的决定》。习近平总书记在会上强调，必须"突出坚持和完善支撑中国特色社会主义制度的根本制度、基本制度、重要制度，着力固根基、扬优势、补短板、强弱项，构建系统完备、科学规范、运行有效的制度体系"①。建设社会主义现代化强国，内在要求就是完善制度建设，建成现代化治理体系，提高国家治理水平。完善社会治理机制，建设社会主义现代化强国，人民群众是决定性力量，要不断加大人才培养力度，提高人民群众的综合素质。同时，还要坚持共同富裕，建立公平的社会分配和再分配机制。此外，还要坚持理论创新，为建设社会主义现代化强国提供有力的思想理论武器。

3. 完善社会治理体系，推进国家安全体系和能力现代化

社会治理体系是社会生态系统的有机组成部分，体现了弹性科学（泛政府、适应性管理②和适应性治理③）与反身法④的整合。党的二十大站在推进国家安全体系和能力现代化的战略高度，对完善社会治理体系作出新的部署。完善社会治理体系是以习近平同志为核心的党中央从推进国家安全体系和能力现代化，坚决维护国家安全和社会稳定的战略高度提出的一项重大任务。我们要坚持以习近平新时代中国特色社会主义思想为指导，按照党的二十大决策部署，完善社会治理体系，提升社会治理效能，以社会治理现代化夯实"中国之治"的基石。

党的十八大以来，以习近平同志为核心的党中央着眼于国家长治久安、人民安居乐业，建设更高水平的平安中国，完善社会治理体系，推动社会治

---

① 中共中央关于坚持和完善中国特色社会主义制度　推进国家治理体系和治理能力现代化若干重大问题的决定［M］. 北京：人民出版社，2019：5.

② 适应性管理是一种环境管理战略，旨在减少生态系统固有的不确定性。

③ 适应性治理是一种依赖适应性管理的治理形式，它将正式机构、非正式团体、网络和个人整合在多个层面上，以实现协同环境管理（Folkeetal, 2005）。

④ 反身法作为政府附加的监管要求和新自由主义私有化运动之间的另一种监管法律体系而出现（Calliess, 2001）。反身法的概念来自系统理论和批判理论，更具体地说是尼古拉斯·卢曼（Niklas Luhmann）的系统理论和于尔根·哈贝马斯（Jürgen Habermas）的话语理论（Calliess, 2001, Scheuerman, 2001）。它涉及实体法通过可执行的体系强制规定具体社会价值和实质性社会目标的性质（Capps, Olsen, 2002）。

理现代化取得重大成就，续写了社会长期稳定的奇迹。2021年，人民群众对平安建设的满意度达98.62%。①国际社会普遍认为，中国是世界上最安全的国家之一。首先，完善社会治理体系，加快推进社会治理现代化，是再创"中国之治"新辉煌的必然要求。我们要紧紧围绕完成"十四五"规划和2035年远景目标、全面建成社会主义现代化强国等重大节点，到2035年基本实现社会治理现代化，到21世纪中叶全面实现社会治理现代化，确保政治安全、社会安定、人民安宁，为实现第二个百年奋斗目标和中华民族伟大复兴的中国梦创造良好社会环境。其次，完善社会治理体系，最重要的就是防控化解各类矛盾风险，确保矛盾风险不外溢不扩散、不升级不变异。我们要坚持底线思维，增强忧患意识，提高风险洞察、防控、化解、治本能力，重点防控化解好政治安全、社会治安、矛盾纠纷、公共安全、网络安全五类风险隐患。党的十八大以来，以习近平同志为核心的党中央就社会治理现代化提出了一系列新理念新思想新战略，蕴含着完善社会治理方式的新要求，主要体现为政治引领、法治保障、德治教化、自治强基、智治支撑。再次，完善社会治理体系，要明确从中央到省、市、县、乡各级党委和政府职能定位，充分发挥各层级重要作用。当前和今后一个时期，要特别突出强调中央、市域、基层的特殊职能，完善工作抓手，推动社会治理现代化行稳致远。最后，完善社会治理体系，必须强化体制保障。我们要健全"共建共治共享"的社会治理制度，增强完善社会治理体系的向心力和执行力，建设人人有责、人人尽责、人人享有的社会治理共同体。

4. 完善社会治理机制，建立公平正义的现代化社会

传统的社会管理，国家权力体现为全能型政府，政府几乎包揽了一切，社会权力则无限小，没有形成有效的利益表达和利益协调机制。改革开放以来，我国经济建设得到迅速发展，要求国家权力随之作出调整，向服务型政府转变。与此同时，社会力量作为国家权力的补充，逐渐发挥自己的作用。新时代谋划全面深化改革，必须以坚持和完善中国特色社会主义制度、推进国家治理体系和治理能力现代化为主轴，深刻把握我国发展要求和时代潮流，把制度建设和治理能力建设摆到更加突出的位置，继续深化各领域各方

---

① 法治日报. 98.62%！人民群众对平安建设满意度再创新高[EB/OL]. (2022-02-19)[2023-07-24]. https://www.chinapeace.gov.cn/chinapeace/c100007/2022-02/19/content_12597084.shtml.

面体制机制改革。党的十九届四中全会在新的历史起点上对完善国家治理各方面机制进行了系统部署,把国家治理体系和治理能力现代化推进到了新的高度。

社会治理的目标是构建公平正义、和谐稳定的社会。公平正义是社会主义的本质特征,是社会和谐的基本条件,代表广大人民群众的诉求。公平正义的实现能够激发人民群众的积极性,提高社会发展效率。实现公平正义需要从以下几个方面努力。一是发挥协同机制。最重要的是发挥党的全面领导的协同作用。党政军民学,东西南北中,党领导一切,统揽全局,协调各方,这是我们的独特优势。其次是法治的协同机制。宪法作为国家的根本法,是治国安邦的总章程,对国家和社会关系的所有层面都起着规范作用。要坚持依法治国和依规治党相统一,保证治国理政的效能。二是健全协商机制。健全民主制度,丰富民主形式,拓宽民主渠道,依法实行民主选举、民主协商、民主决策、民主管理、民主监督,统筹推进政党协商、人大协商、政府协商、政协协商、人民团体协商、基层协商以及社会组织协商,在更大范围内充分发挥社会主义协商民主的重要作用,从而提升中国特色协商治理的效能。

第二节 市域社会治理

自党的十九届四中全会提出"加快推进市域社会治理现代化"[①] 行动目标之后,加强市域社会治理,成为中国情景和中国语境下社会治理内涵转型的全新任务,也是推进国家治理现代化的关键一环。市域社会治理作为理论与实践中的一项新课题,要准确把握其理论内涵、组成要素、具体功能、历史背景、现实原因等。

一、市域社会治理的历史背景

从历史的大视野来看,市域社会治理继承并延续了中国一统体制下传统

---

① 中国共产党第十九届中央委员会第四次全体会议文件汇编[M]. 北京:人民出版社,2019:51.

郡县治理的智慧和思想，并于各个历史阶段采取不同的基层治理模式。回顾和梳理历史源流，有助于我们深刻把握市域社会治理的历史脉络。

（一）中国传统社会实行"双轨政治"

从秦朝创立郡县制度以来，中国一直是实行单一制的中央集权制的国家，从中央集权到地方政权形成的是统属的层级制度。中国地方行政制度虽经历多次改变，但郡县两级政权制度一直被延续下来，由此塑造了国家与社会的基本关系，集中体现为县域以下的乡村治理。

费孝通先生认为："从基层上看去，中国社会是乡土性的。"[①] 传统中国社会以农耕文明为文化根基，以小农家庭为基本生产生活单位，这种社会关系和日常交往构成基层乡土社会的主要特征。传统中国的行政体制特点是"皇权不下县"，国家的政治权力仅设置到县一级，县级以下采取非正式权力控制的治理模式。"乡绅自治"是国家权力对基层社会进行间接管理的一种形式，国家权力具有文化象征意义，地方权力具有实际管辖意义。推行"皇权不下县"的行政体制，不仅体现了皇权在基层社会无为而治的管理理念，在一定程度上减轻了中央财政负担，同时也给予基层社会一定的自治空间，充分发挥乡绅阶层作为皇权与乡民之间进行沟通的媒介作用。由于科举制的有力支撑，士绅阶层实际拥有治理乡村社会的文化权威，在乡村社会传播儒家文化思想，使皇权专制统治实现观念一体化和组织一体化，进而形成政治权力与意识形态权力之间共生共存的关系。

传统郡县体制下的基层社会治理体系，面对的是缺乏开放性和流动性的熟人社会，是自给自足和相对稳定的社会系统，在缺少外部冲击的环境下呈现出较强的系统韧性，直到鸦片战争之后国门打开，一场肩负"救亡图存"的历史使命的国家治理与社会治理变革被迫展开。

（二）计划经济时代形成"单位社会"

新中国成立后，党领导人民群众团结起来了，社会治理结构也发生了历史性重构，"单位社会"随之产生。城市基层社会大多数人通过参与社会工作被纳入行政化的企事业组织，成为享受社会福利保障的"单位人"，少数人员纳入以单位制为主、街居制为辅的管理体制。乡镇也建立起政社合一的乡村管理组织体系，将农民迅速组织起来。中华人民共和国成立后，在高度

[①] 费孝通. 乡土中国［M］. 北京：北京大学出版社，2011：1.

集中的计划经济体制下，单位社会是重建社会的根本性措施。单位制以严苛的城乡二元户籍制度为基础，客观上形成了城乡二元分割体制，人口自由流动受限，社会缺乏活力，个人对国家政权和单位组织高度依赖，形成国家—单位—个人三级治理机制，政治权利也形成组织一体化和观念一体化的协调统一。

客观来看，计划经济时代的"单位社会"与中国传统"郡县社会"有共通之处，客观上都实现了整合社会结构和稳定社会秩序。但这种秩序具有高度政治化、同质化和封闭化的特征，市场化的经济组织和自发性的社会力量缺乏生存空间，行政管控力量是社会治理的唯一主体，社会治理体系僵化低效，不利于国家治理体系的现代转型。

这一时期，毛泽东同志将新民主主义革命、社会主义革命和建设同马克思主义基本原理相结合，初步形成社会主义社会管理思想，包含政权机关是社会管理的根本、人民是社会管理的主体、法律是社会管理的保证等观点，为社会管理的深入变革奠定了重要基础。

（三）改革开放后实现"单位人"向"社会人"的转变

改革开放被称为"中国的第二次革命"[①]，中国特色社会主义市场化改革进程的推进，使经济社会活动空间得到空前拓展，社会治理结构不断发生变化。随着社会主义市场经济体制的不断完善，社会力量和自主意识得到充分释放，人们逐渐从"单位人"向"社会人""社区人"转变，这也在一定程度上促成了中国社会结构的分化。

改革开放以来，在组织结构层面，我国形成国家、市场和社会三元结构格局；在阶层结构层面，新的社会阶层结构正在形成，原有的社会阶层结构正重新分化和整合。随着市场化改革的不断深入，经济社会结构发生了深刻变革，政府主导下的单位体制逐渐弱化，各种新型的经济组织、社会组织不断涌现。随着社会结构的深刻变化，社会贫富分化加剧、社会利益关系失调、社会矛盾纠纷等问题也随之出现，人民群众对民主、法治、公平、正义、安全、环境等方面的需求日益增长，社会结构和社会功能有待进一步快速调整和变革。伴随着社会主义市场经济体制的确立，国家、市场和社会之间的关系再次面临优化调整，如何建立三者之间的良性互动关系，成为亟待解决的理论和实践难题。

---

① 陈培永. 当代中国马克思主义为什么是对的[M]. 北京：人民出版社，2018：87.

根据新时代中华民族伟大复兴的战略全局需要,在党的十八届三中全会上习近平总书记强调:"全面深化改革的总目标是完善和发展中国特色社会主义制度,推进国家治理体系和治理能力现代化。"[①] 社会治理的概念第一次出现在党的正式文件中。从"社会管控"到"社会管理"再到"社会治理"的转变,体现了国家、社会和市场三者协同合作的价值观念,也体现了党治国理念的新变化。党的十九届四中全会主张要"完善党委领导、政府负责、民主协商、社会协同、公众参与、法治保障、科技支撑的社会治理体系,建设人人有责、人人尽责、人人享有的社会治理共同体"[②],并指出要加快推进市域社会治理现代化,这是中国特色社会治理理论和实践的一次巨大飞跃。

综观市域社会治理的历史演变进程,从传统中国的"双轨政治"到计划经济时代形成"单位社会",再到改革开放后的"社会人",中国式的社会治理脉络日渐清晰,市域社会治理成为其必然选择。

二、市域社会治理的现实原因

市域社会治理能够破解以县域治理为主的基层社会治理面临的诸多难题,从深层次回应了社会快速变迁过程中基层治理秩序的重构需求,体现了治理重心的重新调整。从县域社会治理到市域社会治理,是在互联网技术发展和城镇化进程推进的时空背景下,社会治理顺应时代变迁的一次深刻变革。

(一)市域吸纳了大量的人口资源

市域层级要想更好地发挥治理效能,必须依靠强大的资源配置能力,人口资源是最重要的资源要素。改革开放40多年以来,随着市场化、工业化和城镇化进程的不断推进,我国迎来规模庞大、由乡村向城镇、由欠发达地区向发达地区流动的人口大潮,加速了城镇化进程。中国用短短几十年的时间,走完了西方国家几百年走过的城镇化历程,创造了世界城镇化发展的奇迹。在拥有14亿多人口的发展中国家实现城镇化,人类发展史上没有先例

---

① 中国共产党第十八届中央委员会第三次全体会议公报[M]. 北京:人民出版社,2013:4.
② 中共中央关于坚持和完善中国特色社会主义制度 推进国家治理体系和治理能力现代化若干重大问题的决定[M]. 北京:人民出版社,2019:28.

可循。1949年末，我国常住人口城镇化率只有10.64%。① 党的十六大明确提出"走中国特色的城镇化道路"②，党的十七大进一步明确了走中国特色的城镇化道路要坚持的原则。2012年中央经济工作会议明确提出"走集约、智能、绿色、低碳的新型城镇化道路"③。党的十八届三中全会提出"坚持走中国特色新型城镇化道路，推进以人为核心的城镇化"④。我们党对中国城镇化道路的理论认识和实践探索不断深化。2011年末，我国城镇人口占总人口的比重达到51.27%，首次超过50%。⑤ 2022年末，我国城镇常住人口达到92071万人，城镇化率为65.22%。⑥

2016年末，我国已初步形成以北京、上海、广州、深圳等特大城市为龙头，以省会城市和地级市等大型城市为主体，以中小城市和小城镇为补充，以广大乡镇为地基的多层次、广覆盖的城镇网络体系。在地区分布上，人口主要流向东部地区，城市群逐渐成为流动人口集聚的主要空间形态，城镇常住人口和定居人口迅速增加，城市体量不断增大，城乡要素加快流动，城乡关系深度融合。2019年12月，中共中央印发《关于促进劳动力和人才社会性流动体制机制改革的意见》，明确指出全面取消城区常住人口300万以下城市的落户限制，确保外地与本地农业转移人口进城落户标准一视同仁。全面放宽城区常住人口300万～500万的大城市落户条件。我国城镇化进程高速发展，多数城市同时具有城市、乡村两种形态，迫切需要发挥市域的优势，以城带乡、以点带面、以上带下，形成新时代、新发展阶段社会治理新格局。

（二）市域具备了社会治理的法治要素

随着我国经济社会不断发展和城镇化水平不断提升，各类要素越来越向

---

① 国家统计局发布报告显示——70年来我国城镇化率大幅提升[EB/OL].（2019－08－16）[2023－07－24]. https://www.gov.cn/xinwen/2019－08/16/content_5421576.htm.
② 中共中央文献研究室. 十六大以来重要文献选编：上［M］. 北京：中央文献出版社，2005：18.
③ 2012中央经济工作会议：六大经济方略定调2013年政策走向［J］. 时代金融，2013，503（1）：36－38.
④ 中共中央文献研究室. 十八大以来重要文献选编：上［M］. 北京：中央文献出版社，2014：524.
⑤ 国务院新闻办公室. 中国城镇人口首次超过农村人口[EB/OL].（2012－08－16）[2023－07－06]. http://www.scio.gov.cn/37236/37262/Document/1600000/1600000.htm.
⑥ 国家统计局. 中华人民共和国2022年国民经济和社会发展统计公报[EB/OL].（2023－02－28）[2023－07－06]. http://www.stats.gov.cn/xxgk/sjfb/zxfb2020/202302/t20230228_1919001.html.

市域聚集，市域社会治理愈益成为国家治理的重要维度和基础性工程，推进市域社会治理现代化的重要性和紧迫性更加凸显。市域社会治理的核心议题是对外增强竞争力，对内增强凝聚力。对于一些重大矛盾风险、疑难复杂问题，基层往往很难解决，而市域层面拥有地方立法权，可以根据地方发展需要，制定体现市域特色、符合市域实际的良法，形成更具针对性、操作性、有效性的市域社会治理制度规范体系，进而增强竞争力、凝聚力。

党的十九大报告明确将提高法治化水平作为社会治理的"四化"目标之一，党的十九届四中全会审议通过的《中共中央关于坚持和完善中国特色社会主义制度 推进国家治理体系和治理能力现代化若干重大问题的决定》再次强调社会治理体系中的"法治"要素。党的二十大报告强调，"全面推进国家各方面工作法治化"①。相对于县一级而言，市域在推进社会治理法治化方面具有显著优势，因为绝大多数地级市具有地方立法权，具有较为完备的法治保障体系。2023年3月新修订的《中华人民共和国立法法》中的第八十一条规定："设区的市的人民代表大会及其常务委员会根据本市的具体情况和实际需要，在不同宪法、法律、行政法规和本省、自治区的地方性法规相抵触的前提下，可以对城乡建设与管理、生态文明建设、历史文化保护、基层治理等方面的事项制定地方性法规。"② 该条还规定："自治州的人民代表大会及其常务委员会可以依照本条第一款规定行使设区的市制定地方性法规的职权。"③ 这意味着全国200多个设区的市可以制定地方性法规，在提升社会治理法治化水平方面具有优势。综合运用法治思维和法治方式解决市域社会治理中的重大矛盾问题，全面提升市域社会治理的法治化水平，是推进市域社会治理现代化的重要抓手和突破口。

（三）市域解决了城乡区域协同治理的难题

随着城乡分割的体制被打破，人口由乡村向城市单向大规模流动，城乡之间、区域之间的治理资源处于碎片化、不均衡的状态，城乡区域协同治理

---

① 习近平. 高举中国特色社会主义伟大旗帜　为全面建设社会主义现代化国家而团结奋斗——在中国共产党第二十次全国代表大会上的报告［M］. 北京：人民出版社，2022：40.
② 中华人民共和国立法法［EB/OL］.（2022-03-14）［2023-07-06］. http://www.npc.gov.cn/npc/kgfb/202303/eb5e0e60ff5f43f7a3bfa2a10bbee6ba.shtml?jump=true&eqid=a263f61f0032fc1300000000004645fa9e0.
③ 中华人民共和国立法法［EB/OL］.（2022-03-14）［2023-07-06］. http://www.npc.gov.cn/npc/kgfb/202303/eb5e0e60ff5f43f7a3bfa2a10bbee6ba.shtml?jump=true&eqid=a263f61f0032fc1300000000004645fa9e0.

面临诸多难题。近年来，一些区（县、市）创新政府服务模式，加快推进"互联网+社会治理"的创新实践，以此弥补县域治理的短板。但是，受行政职权范围、资源配置能力等客观条件的限制，以"县域"为重点的社会治理体系难以适应现实需求。社会治理要深化社会治理体制和区域管理制度方面的改革，打破行政区域壁垒和城乡二元结构壁垒，建立起沟通城市与乡村、联系区域内与外，同步推进、梯次发展的体制与机制。市域社会由不同量级的城市、城镇组成，是大都市、中等城市、城镇等的统一，既涉及都市、城市、城镇内部的关系和都市、城市、城镇之间的关系，也涉及城镇与农村、区域内部与区域之间的关系。加强市域社会治理，重点从县一级向市一级转移，充分发挥市一级党委、政府的统筹谋划作用，突出市级层面在地方社会治理过程中的主导作用，优化市域社会治理自治体系，形成市—区（县、市）—乡镇（街道）上下联动协调，党委、政府、社会、公众等多元主体合作共治的社会治理体系，打造"共建共治共享"的社会治理新格局。

（四）市域凝聚了智慧治理的资源优势

市域通过技术手段辅助决策、研判风险，具备资源统筹配置、综合协调的优势。近年来，随着物联网、大数据、云计算、人工智能、5G等数字技术的迭代更新和广泛应用，社会治理的整体效能得到明显提升。同时，随着网络时代社会的"无边界"特征日益凸显，网络社会与现实社会的安全风险呈现极强的跨界性、关联性和穿透性，黑恶势力犯罪、涉毒违法犯罪、非法宗教活动、非法集资与传销等活动向网络化转型，致使传统与非传统的社会安全问题不断滋生、无序扩张，对社会治理体系的安全性和韧性提出了更高要求。党的十九大报告将"智能化"[①]作为提高社会治理水平的"四化"目标之一，党的十九届四中全会更是明确提出要完善"科技支撑"[②]的社会治理体系。"智慧城市"建设被普遍纳入地方经济社会发展规划进行战略部署。地级市特别是省会城市、副省级城市，在智慧城市建设方面具备更优越的人才、资金和技术，必然成为智慧城市建设的主力军。

目前，中国已经初步形成四大智慧城市群的版图：以北京、天津、大连、青岛、济南为主的环渤海智慧城市群，以南京、无锡、上海、合肥、杭

---

① 习近平. 决胜全面建成小康社会 夺取新时代中国特色社会主义伟大胜利——在中国共产党第十九次全国代表大会上的报告［M］. 北京：人民出版社，2017：49.
② 中国共产党第十九届中央委员会第四次全体会议公报［M］. 北京：人民出版社，2019：13.

州、宁波为主的长三角智慧城市群，以广州、佛山、深圳、厦门为主的珠三角智慧城市群，以西安、成都、重庆、武汉为主的中西部智慧城市群。其中，杭州、上海等地起步较早，"社区大脑""未来社区"等基层社会治理的智慧化场景不断丰富，市域社会治理智慧化的基层空间不断拓展。杭州还与阿里巴巴集团开展合作，探索建设"城市大脑"数字治理大平台，成为推进城市治理现代化的智能中枢。

三、市域社会治理的理论内涵

从字面意思理解，市域社会治理是"市域"和"社会治理"的有机融合，是国家社会治理目标要求在"市域"范围内的贯彻落实。总结当前学术界的相关研究，对"市域社会治理"有两种解释。一是认为市域社会治理是以城市作为依托，政府、企业以及社会组织等社会治理主体，在规章制度的要求下，对公共事务进行管理和提供服务等，主张通过共同参与的方式进行协商和合作，从而实现城市间公共利益的动态平衡。二是认为市域社会治理是以地级市的行政区域为范围，依托党委政府、社会组织、企事业单位以及个人等主体，对社会治理机制进行创新，对辖区内的人民、事务、组织等进行管理和服务的过程。[①]

把握"市域社会治理"的内涵，关键在于对"市域"的理解。市域，当视为包含一定乡村在内的自成一体的空间体系，其中聚集了一定规模的人群，内部形成了相对完整的分工和交换体系，同时也在全球分工体系中居于特定的位置。[②] 在我国行政架构中，通常认为市域范围主要为设区的市，包含直辖市、地级市以及副省级市等。市级区域在国家治理体系中起着十分重要的作用，是国家经济发展、社会和谐稳定以及保障民生的重要基础。因此，市域社会治理不仅具有国家治理意志表达与转换的功能，也具有基层治理行为的执行与实施的功能，是非常重要的承载体，能够将风险隐患化解在萌芽、解决在基层。

综上所述，市域社会治理归属于基层社会治理的范畴，是将治理单位确定为区级城市，以城区为重点，覆盖农村，城乡联动，充分发挥市级层面主

---

① 戴大新，魏建慧. 市域社会治理现代化路径研究——以绍兴市为例[J]. 江南论坛，2019(5)：10.
② 成伯清. 市域社会治理：取向与路径[J]. 南京社会科学，2019(11)：12.

导作用，统筹谋划和实施市域范围内的社会治理。市域社会治理是国家治理在设区的城市的具体实施，是农村和城市两种社会形态的结合体，是统筹城乡一体化的重要媒介，其本质特点是系统性、枢纽性、协同性和基层性。

四、市域社会治理的组成要素

在对市域社会治理的内涵理解和把握的基础上，分析市域社会治理的构成要素，有利于系统推进市域社会治理。市域社会治理与城市社会治理、县域社会治理和基层社会治理相比具有特殊性，体现在治理空间、治理主体、治理方式、治理目标和治理层级五个层面。

（一）基本组成要素——治理空间

在空间治理理论看来，"空间"是一个兼具"客观实体"和"主观互动"的载体。它不只是物理学意义上的客观存在，更是人类社会实践的特殊社会产品。治理空间是市域社会治理的基本组成要素，不仅确定了市域社会治理的实施区域，而且确定了市域社会治理的空间客体。

1. 市域社会治理的实施范围

"市域"是一个带有显著空间边界意涵的概念。市域社会治理将城市社会治理与农村社会治理有机融合，治理范围面向整个市域空间。在市域社会治理中，"市"指的是一种行政区划单位，不仅包含城市区域，也包含农村区域。与省域相比，"市域"的本质指的是地市一级的行政区划单位，"地级市"是我国行政区划常规用语，行政地位与地区、自治州、盟相同，属于地级行政区，由省、自治区管辖，是行政建制与地区相同的市。与县域相比，市域治理对象更多样，治理问题更典型、治理体系更完备，需要市域层面加强顶层设计、进行宏观指导。纵向看，市域社会治理处在上承省级、下领县级的国家管理体制中的重要节点，旨在解决基层治理中出现的各种问题；横向看，市域社会治理是市域党政机关、社会团体和群团组织、事业单位、各类企业等主体实现"共建共治共享"。

2. 市域社会治理的空间客体

新时代，我国矛盾源头复杂、矛盾内容交织叠加、矛盾数量增多、矛盾范围拓展、矛盾风险叠加，跨行政区域、跨人群范围特征凸显，呈现出复杂性、综合性和关联性的特点，不少方面国家层级难以企及，县域层级无法解决。作为县域层级的延伸，市域层级具有丰富的治理资源、完备的治理体系；作为国家层级的下移，市域是化解风险危机最有效的层级，能够及时排查和化解风险危机，避免风险的扩散和外溢。因此，迫切需要市域层级主体坚持系统思维和协同思维，主体充分合作、部门整体联动、信息开放共享，增强治理的整体性、协调性、系统性，推进市域社会和谐稳定和良性发展。

（二）行动主体和主导力量——治理主体

治理主体是市域社会治理的行动主体和主导力量。治理空间和治理客体的复杂性，决定了市域社会治理的行动主体不是单一的，而是多元的，包括市域范围内的党委、政府、群团组织、经济组织、社会组织、自治组织、公民等。不同主体的特征不同，掌握的资源不同，需要构建合作网络，即社会治理行动网络，可以将各种资源和力量进行有效整合，形成治理的合力。市域社会治理社会化就是以此为基础，充分发挥各级党组织的核心作用，在市域层级内整合社会资源与力量，最终形成"共建共治共享"的社会治理新格局。

（三）关键要素——治理方式

治理方式是实现市域社会治理目标的关键要素，创新和优化社会治理需要不断完善社会治理方式。坚持政治引领作用，善于从政治上把握大局、看问题，善于从政治上谋划、部署、推动工作；发挥法治保障作用，善于运用法治思维和法治方式分析解决社会治理中的问题，充分发挥法治保驾护航的作用；发挥德治教化作用，大力弘扬社会主义核心价值观，加强思想教育和道德教化，让全社会充满正气正义；发挥自治基础作用，不断完善基层自治制度，激发群众、企业和社会组织自治的积极性，构建人人有责、人人尽责的社会治理共同体；发挥智治支撑作用，把智能化建设作为社会治理现代化的重要抓手，实施大数据战略，不断提高社会治理能力和水平。发挥政治、法治、德治、自治、智治"五治"作用，是习近平总书记关于社会治理重要思想的有机组成部分，为加快推进社会治理现代化指明了方向、提供了根本遵循。

1. 坚持"政治"引领，推动制度优势转化为治理效能

坚持政治引领，指的是推进市域社会治理现代化必须充分发挥基层党组

织的掌舵领航和凝心聚力作用。在整个市域社会治理体系中，党组织始终发挥着总揽全局、协调各方的领导核心作用。党组织的基本功能主要表现在政治社会化、利益表达和利益综合等方面。在具体的市域社会治理行动中，党组织的基本功能体现为政府密切联系人民群众参与社会治理。党组织的基本功能表明，一定要推进社会治理与基层党建深度融合，充分发挥党组织的服务功能和政治功能。简而言之，在宏观层面，党组织要加强顶层设计，创建党组织和社会治理行动主体之间的良性互动；在微观层面，党组织要能够将党群服务中心建成引领社会治理的主要阵地，为社会力量、人民群众和基层自治组织提供治理场所。

政治引领在市域社会治理中发挥着根本性的作用，推进市域社会治理现代化要切实将政治引领贯穿市域社会治理整个过程，把党的领导和我国社会主义制度优势转化为社会治理效能，使市域社会治理更便民、惠民、利民，让人民群众成为市域社会治理现代化的受益者。

2. 强化"法治"保障，提升市域社会治理的有效性与合法性

法治是治国理政的基本方式，市域社会治理需要在法治层面率先突破。从实际情况看，对于一些重大矛盾风险、疑难复杂问题，在基层往往很难得以解决，而市域层面具有较为完备的社会治理体系，在法律政策手段等方面的统筹能力更强，具有解决社会治理中重大矛盾问题的资源和能力。综合运用法治思维和法治方式化解市域社会治理中的重大矛盾风险，全面提升市域社会治理的法治化水平，在法治轨道上推进市域社会治理现代化，是落实国家治理顶层设计的重要抓手和突破口，也是全面贯彻落实习近平法治思想的必然要求。

在法治轨道上推进市域社会治理现代化，关键要以习近平法治思想为指导，坚持党对市域社会治理的全面领导，坚持以人民为中心的发展思想，加快形成法治完备、行政高效、自治发达、科学智能的治理格局。坚持依法决策，带头维护法治权威；注重科学立法，丰富市域法治供给；严格执法司法，维护社会公平正义；优化法治服务，增强群众满意度；创新宣传教育，提升全民法治素养；加强组织领导，为市域法治建设提供坚强保障。

3. 加强"德治"教化，增强市域社会治理的内驱力

"德治"教化是培育市域社会治理内生动力的重要方式，强调运用柔性的方式规范人们的生产生活行为。要大力弘扬社会主义核心价值观，重视加

强"德治"教化，提高城乡居民的道德修养和文明素质，让市域社会的和谐稳定建立在较高的道德水平之上。

"德治"教化在市域社会治理中意义重大，是坚定不移推进中国式现代化的必然要求，是维护社会公平正义、满足人民美好生活的现实需要，是化解市域矛盾风险、促进社会和谐稳定的重要措施，是实现市域"善治"的重要基石。挖掘德治资源、健全德治体系、强化德治约束、激发德治能量，有利于树立全社会行动标杆，指导人们形成正确的人生观和价值观，督促人们在日常生活中遵守行为准则，使社会形成人人守则、人人尽责、人人向善的良好秩序。

4. 激发"自治"活力，调动群众参与市域社会治理的积极性

"自治"是市域社会治理现代化的社会基础，要有效加强城乡居民的主体意识，充分发挥城乡居民的主体作用。坚持和完善基层群众自治制度，发挥社会组织作用，实现政府治理和社会调节、居民自治的良性互动。基层群众自治是人民当家作主的最直接形式，是社会主义民主政治的基础和重要特征。自治不仅是社会治理结构的重要环节，也是基层治理的深度拓展，是我们追求和谐社会的切入点。基层自治能力越强，市域社会治理水平就越高。要完善自治制度、建强自治组织、创新自治活动、激发自治活力，充分调动社会主体参与市域社会治理现代化的积极性、主动性、创造性，实现政府治理和居民自治的良性互动。

5. 强化"智治"支撑，加快市域社会治理方式的现代化

要赶上时代步伐，就必须牢牢抓住科技革命的机遇，否则就要落后。我们要把智能化建设摆到更加突出的位置，上升为重要的治理方式——"智治"，推进市域社会治理体系架构、运行机制、工作流程的智能化再造，加快市域社会治理方式现代化。利用"互联网+"和大数据，增强市域社会治理的科技含量，推进市域社会治理向智能化方向发展。智能化建设是市域社会治理的重要形式，要推进"智防风险""智辅决策""智助司法""智利服务"，推进市域社会治理方式的现代化，实现智能化治理。

（四）预期成果——治理目标

治理目标是市域社会治理主体通过治理行为要实现的目标，为治理行动提供了方向。在治理过程中要以人的现代化为核心，加快城乡要素配置，促

进城乡一体化发展，走出一条市域社会治理与基层治理相融合的道路，使城市发展与市域治理协调，和谐社会现代化与经济、政治、文化、生态现代化同步，市域、县域、基层共治共管、共建共享。从层次上来看，市域社会治理的目标可以划分为直接目标和终极目标。

1. 市域社会治理的直接目标

党的二十大报告指出，"及时把矛盾纠纷化解在基层、化解在萌芽状态"[①]。当前，经济社会发展和民生最突出的矛盾和问题集中在基层，且呈现多元化特征，小矛盾如果不解决，可能演变为社会重大风险。新时代，由于矛盾发生的范围、矛盾的复杂程度增大，县域社会治理难以有效应对。省域社会治理将矛盾问题逐级向上反映，由基层到省级行政链条长，处置周期长，耗费资源成本高，甚至会因矛盾未及时处置而诱发更大的风险。省域与县域在社会治理上的局限性，使市域成为将风险隐患化解在基层，化解在萌芽状态最直接、最有效、最关键的治理层级。

2. 市域社会治理的终极目标

市域社会治理的终极目标是促进市域社会和谐稳定。社会和谐稳定可以推动社会良性运行与协调发展，为国家治理现代化夯实基础。推进市域社会治理现代化，主张通过经济建设、政治建设、文化建设、社会建设、生态文明建设"五位一体"总体布局实现，进而实现全面协调可持续发展，为国家治理筑牢发展基石。实现以上终极目标，必须依靠一套科学高效的市域社会治理体系，打造"人人尽责、人人享有"的市域社会治理共同体，构建市域社会治理新格局，进而推进市域社会治理的现代化。

（五）本质特征——治理层级

一直以来，我国形成五级行政层级体系，即中央—省级—地级—县级—乡（镇）级，这对传统的国家和社会管理发挥了重要作用。但是基于治理语境，这种较长的行政层级体系在具体实践中会产生一些问题，例如，信息失效、政策扭曲、任务重复等，影响社会治理效能。市域社会治理在简化和畅通治理层级上能发挥重要作用。我国社会治理可以划分为三个层级，即国家

---

① 习近平. 高举中国特色社会主义伟大旗帜　为全面建设社会主义现代化国家而团结奋斗——在中国共产党第二十次全国代表大会上的报告[M]. 北京：人民出版社，2022：54.

社会治理、市域社会治理和县域社会治理。国家社会治理位于顶层设计环节；县域社会治理更加重视基层治理；市域社会治理是位于二者之间的中间层级，起承上启下的桥梁作用。发挥社会治理在市域这一层级的协调和统筹功能，已经成为当前社会治理机制创新的重要着力点，更是畅通国家社会治理和县域社会治理的桥梁和枢纽，将制度优势有效转化为社会治理的效能，凸显了市域社会治理的枢纽优势。

五、市域社会治理的具体功能

市域社会治理具有承上启下的枢纽作用，既是国家社会治理大政方针的执行者和落实者，又是基层社会治理的指导者和推动者。应强调用全局性观念审视市域范围内出现的问题，统筹协调市域资源，形成"共建共治共享"的社会治理新格局。市域社会治理具有以下几种功能。

（一）实现城乡社会治理一体化

社会治理分为城市治理与乡村治理，社会治理的这种二元结构会导致经济效率降低、社会平等缺失以及社会稳定程度减弱。党的十九届四中全会审议通过的《中共中央关于坚持和完善中国特色社会主义制度 推进国家治理体系和治理能力现代化若干重大问题的决定》系统地提出了未来中国国家治理现代化的新理念，从城乡一体的视角提出了社会治理现代化的基本要求，对于改善中国长期存在的城乡社会治理二元结构、实现城乡社会治理一体化具有重要意义。"市域"是一个城市的全部辖区，而不只是城市区域。市域社会治理是覆盖城乡的社会治理，可以有效整合基层社会治理的样态，构建以城镇带动乡村、以点带面的社会治理体系，不仅能够化解基层社会治理出现的矛盾，也能实现社会治理在资源分配、空间地理和人民群众等方面的覆盖，有效发挥城镇带动乡村的作用，逐渐形成以人为核心的新型城镇化，加快乡村治理振兴，让社会治理更加公平、高效地惠及城乡居民，打造包容和谐的基层社会治理生态。

（二）实现基层社会再组织化

基层社会再组织化是实现基层社会结构重构与整合、创新基层社会治理的重要依托。由于经济成分、价值观念、社会结构、利益诉求的复杂化带动公共服务需求趋向多样化，单纯依靠政府治理难以有效解决，因此推动政府组织、社会组织、营利组织以及公民个人参与基层社会治理成为必然趋势。党的十九大报告提出,"推动社会治理重心向基层下移,发挥社会组织作用,实现政府治理和社会调节、居民自治良性互动"①,这为加强和创新基层社会治理指明了方向,也反映了重构基层社会结构和组织形态将成为基层社会治理的重要支撑点。市域社会治理实现了基层社会治理的城乡统一和均衡,为培育更为完整的、多样的基层治理单元、社会组织和治理元素提供了有效载体,有利于充分发挥人民群众的力量,在国家与社会之间构建起沟通的桥梁。一方面,社区、网格和自然村等自治载体在社会治理中发挥着重要作用,并且从本质上实现了基层社会的再组织化。因此应鼓励在城乡社区中培育出更多的治理单元,鼓励社会治理主体之间进行协同合作,化解基层社会治理出现的矛盾与问题等。另一方面,市域社会治理以人工智能、"互联网+"以及大数据等新技术基础设施为支撑,将城乡居民整合到信息化、智能化的治理平台之中,实现国家治理、社会治理与居民自治的良性互动。

(三)形成"决策—执行"张力

我国"中央—省—地—县—乡(镇)"五级行政层级体系中,中央和省级层面是社会治理的决策主体,县、乡(镇)层面是具体的执行者,地级层面处于承上启下的特殊位置,对上贯彻落实中央决策部署、省级党委和政府的任务要求,对下指导基层一线工作,是基层社会治理重要的组织者、协调者。在基层社会治理中,上一级的决策指令与下一级的决策执行之间存在"天然"的距离,形成"决策—执行"的张力。市域社会治理主张在市域层级构建起有效的社会治理指挥体系,可以弥合宏观国家治理结构与微观基层治理行为的联结式枢纽,为中央和省级指令的执行打通"最后一公里",以垂直化管理有效解决基层的执行偏离问题,及时发现和解决基层存在的突出问题。同时,市域社会治理可以理顺条块关系、化解条块矛盾,理顺层级结构,优化层级间的良性互动,推动社会治理重心下移、力量下沉,有效整合城乡社区、乡镇街道等一体化载体,充分发挥市域社会治理的内在动力。

(四)有效整合条块治理带来的弊端

由于基层利益关系多样变动、社会管理问题纷繁复杂,大量复杂的社会

---

① 习近平. 决胜全面建成小康社会 夺取新时代中国特色社会主义伟大胜利——在中国共产党第十九次全国代表大会上的报告 [M]. 北京:人民出版社,2017:49.

治理事务被垂直化传导到基层,基层社会治理面临"碎片化"和"悬浮化"等问题,市域社会治理具有垂直化、扁平化导向,可以有效整合条块治理带来的弊端。

1. 市域社会治理能够重新塑造条块治理体系

目前,我国基层社会治理中治理主体之间缺少协同合作,出现各自为政的现象,即碎片化,根源在于政府管理模式的条块分割。"条"指从中央到地方各级政府的职能部门。按照业务性质的不同,"条"主要承担分类管理职责,强调专业性,自上而下遵循集中管理的原则。"块"指由不同性质职能部门组合而成的各级地方政府,通常包括市、县、乡镇以及作为派出机构的街道办事处等,主要承担统筹协调的属地管理职责,依照分散原则开展自主性管理。以条为主的纵向分类管理与以块为主的横向综合管理在目标、信息、资源等多重管理要素上存在不一致,条块冲突时有发生。条块之间能否协同配合、减少冲突,形成合力是制约社会治理效能的重要因素。市域社会治理坚持问题导向,赋予"块"充分的资源和权限,实现基层社会治理脱虚向实,加强条块融合,实现信息互通、资源共享、工作联动,有效整合各方资源力量,增强社会治理的整体性和协同性,实现从条块分割到条块协同的转变,推进政府和社会良性互动。

2. 市域社会治理能够凝聚社会治理合力

基层治理中的悬浮化现象主要表现为各类治理要素悬浮于上层而难以落地,基层拥有的权限不能有效解决相关的具体问题,反映了治理主体与治理对象间的疏远与脱节。基层治理的悬浮化最初表现为以乡镇政府为主体的政策执行层,在实施指令、完成要求的过程中缺乏必要的资源支持而造成"行动难",使国家缺少社会治理的神经末梢,基层社会治理体系不完整,不能及时回应城乡社会的变化。近年来,基层治理日益受到重视,党的十九大报告提出,"推动社会治理重心向基层下移"[1],《中共中央国务院关于加强基层治理体系和治理能力现代化建设的意见》强调向基层放权赋能。这表明解决基层治理悬浮化问题,已成为推进基层治理现代化需要面对的核心议题。市域社会治理要充分发挥市场监管、便民服务与综合执法等职能,将社会治

---

[1] 习近平. 决胜全面建成小康社会 夺取新时代中国特色社会主义伟大胜利——在中国共产党第十九次全国代表大会上的报告[M]. 北京:人民出版社,2017:49.

理平台与政府服务平台进行有效对接，从而解决信息失灵、各自为政等难题，形成社会治理的合力。

第三节　市域社会治理现代化

市域社会治理是国家治理和基层治理的关键环节，同时也是国家治理的重要基石。党的十九届四中全会提出"加快推进市域社会治理现代化"①之后，党的十九届五中全会进一步提出"加强和创新市域社会治理，推进市域社会治理现代化"②。这集中凸显了市域社会治理现代化的重要性和紧迫性。同时，伴随市场化、工业化、城市化和全球化的浪潮，阶层利益结构不断调整、人口流动性加剧、新型社会矛盾风险传导性增强，市域正在成为社会矛盾和社会风险的产生地和聚集地。因此，市域社会治理现代化的提出不仅恰逢其时，而且具有重大的理论意义和实践意义。

一、市域社会治理现代化的提出背景

市域社会治理现代化是我国社会治理领域最新的政策议题，具有中国特色、时代特征，是推进国家治理体系和治理能力现代化、维护国家安全和社会稳定的重大制度安排。

（一）市域社会治理统筹协调功能有利于基层社会治理难题的破解

随着我国进入高质量发展阶段，社会结构和社会功能发生深刻变化，由县域向市域集中的社会矛盾和风险挑战日益复杂化、系统化。市域处于国家治理的中观层面，具备县域所不具备的独特优势，是化解社会矛盾风险的关键层级和有效的层级，事关国家治理顶层设计的落实落地。

---

① 中国共产党第十九届中央委员会第四次全体会议文件汇编[M]. 北京：人民出版社，2019：51.
② 中国共产党第十九届中央委员会第五次全体会议文件汇编[M]. 北京：人民出版社，2020：61.

1. 社会治理对象"原子化"

与计划经济时代高度"整体性"的社会不同，由于经济体制改革、基层管理体制转型和城镇化浪潮等作用，社会治理出现了去组织化现象，基层群众从单位和人民公社等组织单元中脱离出来，社会治理对象由高度组织化转向低度组织化。一方面，村民"原子化"、村庄空心化、乡村过疏化等治理难题凸显，而且呈现愈演愈烈之势，对农村治理与发展构成了深刻、持续的影响与冲击；另一方面，农村人口大量向城市聚集，城市规模不断扩大，城乡一体化趋势增强。这都给社会治理带来了新的风险挑战，市域社会治理现代化着眼于当前中国实际，是破解市域社会治理难题的必然选择。

2. 政府管理体制条块分割

社会治理主体缺乏协同机制，多元主体间的沟通机制不畅和治理力量分散导致协同效果不佳，根源在于政府管理体制中的条块分割。一方面，"条块"间彼此分割、难以协调，治理任务被层层转移到基层，而基层治理力量相对薄弱，这与繁重的治理任务产生矛盾；另一方面，"条块"间相对封闭，以政府为中心的治理模式限制了市场、社会等主体参与治理的空间。市域社会治理促进多元主体从科层结构向合作化的局面转变，从单线化治理向多元化参与转型。

3. 社会治理过程"悬浮化"

在治理过程中，部分基层政府在对上负责和对下负责间出现不平衡情况，一些地方的治理出现悬浮化现象。一是权力悬浮。管理权和执法权更多配置给上级政府及其职能部门，基层政府缺乏处理和解决问题的能力。二是价值悬浮。政策精神停留在文件上，导致"上有政策，下有对策"，上下级价值诉求有待整合。三是配置资源悬浮。人财物等资源主要由上级政府支配，一些地方政府还习惯眼睛向上看，对基层治理缺乏应有的重视和投入。市域社会治理可以将国家治理的"神经末梢"延长，完善社会治理体系和结构，及时回应城乡社会的变化。

4. 社会治理效果"内卷化"

"内卷化"已经成为基层治理创新的重要障碍。随着社会治理体制的创新，国家向基层社会下沉治理资源和力量，也将"痕迹管理""第三方评估"

"一票否决"等治理技术嵌入基层社会治理过程，这在一定程度上限制了基层社会治理主体的能动性，形成基层治理中的"内卷化"。一方面，基层政府被卷入"压力型体制"中，大量资源用于应付基层社会治理中的矛盾和纠纷；另一方面，面对基层艰巨繁重的工作压力，基层治理开始出现形式主义和"有创新无效率"的现象。深入推进市域社会治理，将增强基层政府介入的有效性，凝聚更多治理资源，降低治理成本，可从根本上强化和巩固基层治理体系。

（二）市域社会治理效能提升有利于国家治理现代化的实现

进入新时代，面对错综复杂、内外交织的发展环境，党的十八届三中全会提出"推进国家治理体系和治理能力现代化"[①]的目标。这是一个全新的、重大的、极具理论价值和实践意义的命题，它回答了怎样治理社会主义社会。

国家治理体系是在党领导下管理国家的制度体系，包括经济、政治、文化、社会、生态文明和党的建设等各领域体制机制、法律法规，也是一整套紧密相连、相互协调的国家制度。国家治理能力是运用国家制度管理社会各方面事务的能力，包括改革发展稳定、内政外交国防、治党治国治军等各个方面。国家治理体系现代化，就是通过系列的制度安排和宏观顶层设计，使国家的治理体系日趋系统完备、不断科学规范、愈加运行有效的过程。国家治理能力现代化，就是将制度优势转化为治理效能的现代性能力不断获取并逐渐强化的过程。市域社会治理是国家治理在市域范围内的具体实施，是国家治理的重要基石。市域社会治理既要贯彻落实好中央关于国家治理的大政方针、制度安排、决策部署和省委的任务要求，又要对本市域社会治理统筹谋划、周密部署、推动实践，在国家治理体系中具有承上启下的枢纽作用。市域社会治理现代化是我国社会治理体系和治理能力现代化的重要组成部分，是健全"共建共治共享"的社会治理制度，建设人人有责、人人尽责、人人享有的社会治理共同体的关键一环。可以说，提升市域社会治理效能，既是推进国家治理现代化的重要内容，也是其所要达到的重要目标，对坚持和完善中国特色社会主义制度具有重大意义。

---

① 中国共产党第十八届中央委员会第三次全体会议公报［M］．北京：人民出版社，2013：24．

1. 市域社会治理奠定国家治理的基础

党的十八届三中全会对全面深化改革总体目标作出了完整的、科学的表述，这就是"完善和发展中国特色社会主义制度，推进国家治理体系和治理能力现代化"①，其中的"国家治理"，实际上是中国共产党代表和领导人民执掌政权、运行治权的体系和过程；是在坚持、巩固和完善我国政治经济根本制度和基本制度的前提下，科学民主、依法有效地进行国家和社会管理；是坚持中国共产党总揽全局、统筹各方的格局下的治国理政。国家治理具有全面性，要求整体谋划、系统思考、统筹推进。市域社会治理是国家治理在市域范围的具体实施，具备比较独立完整的机构建制和职权体系，便于更好地协调本行政区内的各项公共事务，在统筹资源、协同行动方面是国家治理行动不可或缺的重要场域。

2. 国家治理需在市域社会治理的基础上实现

国家治理在广义上涵盖了对国家一切事务的治理，等同于治国理政。市域作为国家治理体系中的关键环节，具有承上启下的枢纽作用。市域社会治理现代化是实现国家治理体系和治理能力现代化的重要基础和组成部分。推进市域社会治理现代化是新时代构建社会治理新格局的必然要求，更是实现国家治理现代化的应有之义。相对于省域和县域层级，市域内部地区差异相对较小，公共事务的治理难度相应降低，统筹资源、协调联动更为有利。因此，市域作为国家治理的一个中间连接点，成为中央和地方的"连接链"和"稳固带"，实现国家—地方—基层的协调联动，发挥其整体合力，是推进国家治理体系和治理能力现代化的"城市大脑"。

（三）市域社会治理空间竞争力的增强有利于全球城市化发展进程的推进

市域社会治理是国家治理在设区的城市区域范围内的具体实施。设区的城市不仅有城区，同时有农村，是两种社会形态的结合体，市域是统筹城乡一体化的有效载体，从中国城镇化进程和世界城市发展的趋势来看，市域社会治理的提出正当时。

---

① 中共中央关于全面深化改革若干重大问题的决定［M］．北京：人民出版社，2013：3.

1. 城市群正在重构中国发展的"新版图"

城市群是指在特定地域范围内,一般以1个以上特大城市为核心,由至少3个以上大城市为构成单元,依托发达的交通、通信等基础设施网络所形成的空间组织紧凑、经济联系紧密并最终实现高度同城化和一体化的城市群体。城市群是当今世界城市发展的主流和趋势。近年来,我国城市群建设快速推进,发展格局初露端倪。中国城镇化先后经历了"横向经济协作群—城市群—世界级城市群"的发展历程。党的十八大以来,城市群发展进入以城市群为主体形态的新阶段,结合"一带一路"建设,推动大、中、小城市和小城镇协调发展,城市群正在重构中国发展的"新版图"。

2. 城市发展将加快城市化的进程

城市和城市群的快速发展,引领城市和乡村经济与社会生活的一体化发展。随着全球分工体系的日益精细化,贸易对象从最终产品贸易转变为零部件贸易、半制成品贸易,使城市之间的关联网络和关联强度增大。从地缘政治环境甚至全球生产体系来看,城市融入世界经济的方式和强度,特别是其劳动力在国际分工中的角色,在很大程度上塑造了内部的社会空间关系,城市发展也在重新塑造国家和社会的形态。当今全球治理越来越突出市域空间,它既是全球化竞争的单位,又是共同体建构的单位。城市之间展开竞争,是当今时代的重要特征,这既是城市空间扩张和经济增长的动力,也是社会问题的根源。市域社会治理现代化立足于增强城市治理的竞争力,重塑城市社会空间,符合全球城市化发展的新趋势,也是为顺应全球治理规律而提出的中国方案。

二、市域社会治理现代化的科学内涵

市域社会治理现代化具有丰富的科学内涵与鲜明的时代特征,只有准确把握和领会其科学内涵,才能将理念转化为行动。可以从多种视角来理解市域社会治理现代化的内涵。

(一)根据社会治理阶段发展目标来解读

到2035年基本实现社会主义现代化,包括现代社会治理格局基本形成,社会既充满活力又安定有序。从2035年到21世纪中叶,全面建成社会主义现代化强国，物质文明、政治文明、精神文明、社会文明、生态文明全面提升。从社会治理的阶段性目标来看，市域社会治理现代化是在市域范围内让社会充满活力又安定有序。具体可以从社会秩序和社会活力两个层面来解读。

1. 社会秩序层面

社会秩序层面包括社会治安层面、生产安全层面、食品药品安全层面、应急管理层面和社会矛盾化解层面。

社会治安层面：具体操作性指标包括每万人口的公安机关立案的刑事案件数、每万人口人民检察院批捕、决定逮捕犯罪嫌疑人数、每万人口人民检察院决定起诉被告人数、每万人口公安机关受理治安案件数、公众安全感得分等。生产安全层面：具体操作性指标包括每亿元地区国内生产总值（Gross Domestic Product，GDP）安全生产事故死亡率、每万人口交通事故死亡人数等。食品药品安全层面：具体操作性指标包括每万人口食品药品安全投诉率、食品安全总体检测合格率等。应急管理层面：具体操作性指标包括每十万人口火灾发生率等。社会矛盾化解层面：具体操作性指标包括每万人口的信访发生率、每万人口人民调解纠纷数等。

2. 社会活力层面

社会活力层面包括社会组织层面、社区参与层面和公益慈善行为层面。

社会组织层面：具体操作性指标包括每万人口社会组织数、每万人口自治组织数等。社区参与层面：具体操作性指标包括社区参与度得分（如村/居民选举参与率）等。公益慈善行为层面：具体操作性指标包括人均社会捐赠款数等。

（二）根据市域社会治理的"三个现代化"来解读

党的十八大以来，习近平总书记从党和国家事业发展全局和战略的高度，就推进国家治理体系和治理能力现代化提出一系列新理念新思想新战略，为我们加快推进市域社会治理现代化提供了行动指南。2018年7月17日，中央政法委秘书长陈一新在《人民日报》发表署名文章，强调治理理念现代化、治理体系现代化、治理能力现代化，推进新时代市域社会治理现代化。[1]

---

[1] 陈一新. 推进新时代市域社会治理现代化［N］. 人民日报，2018-07-17（007）.

1. 治理理念现代化

理念是行动的先导。党的十八大以来，以习近平同志为核心的党中央牢牢把握完善和发展中国特色社会主义制度、推进国家治理体系和治理能力现代化这一全面深化改革的总目标，不断创新社会治理理念和思路，着力从源头上预防和减少影响社会和谐稳定的问题发生，使一系列社会治理难题得到有效破解，平安中国建设取得重大进展。新时代，推进社会治理现代化，高举习近平新时代中国特色社会主义思想伟大旗帜，坚定不移走中国特色社会主义社会治理之路，坚持以人民为中心，以解决市域内影响国家安全、社会安定、人民安宁的突出问题为着力点，推进社会治理理念现代化，促进社会治理体系成熟定型，建设更高水平的平安中国。

（1）目标导向。加强和创新市域社会治理，必须紧紧围绕市域社会治理现代化的总目标来谋划治理思路、设定治理任务、规划治理路径。一是推进市域社会治理系统化。坚持在党委全面领导下，统筹整合政府、社会、市场等力量，增强市域社会治理的系统性、整体性、协同性。二是推进市域社会治理科学化。遵循市域社会运行规律，运用协商、契约、道德、习俗等社会内生机制，使社会治理更加专业、集约、高效。三是推进市域社会治理法治化。运用法治方式规范社会行为、确立是非标准，引导群众在治理实践中尊法学法守法用法，使循法而行成为市域社会治理的价值准则和自觉行动。四是推进市域社会治理智能化。通过市域信息基础设施联通、网络畅通、平台贯通、数据融通，增强政府决策部署的科学性、风险防控的精准性、打击犯罪的实效性、执法办案的公正性、公共服务的便捷性，实现市域社会治理跨越式发展。

（2）政治导向。探索市域社会治理，必须旗帜鲜明讲政治，坚持政治导向，这是我国区别于资本主义国家社会治理的本质所在。如果没有政治引领，中国特色社会主义社会治理就失去了本质属性、丢掉了灵魂。应坚定不移走中国特色社会主义社会治理之路，善于把党的领导和我国社会主义制度优势转化为社会治理效能。一是坚持党的集中统一领导。实现自治、法治、德治相结合，系统治理、综合治理、依法治理、专项治理、源头治理相结合，治标与治本相结合，专门工作和群众路线相结合，推动市域社会治理更加有序有效的发展。二是把党的领导贯穿于市域社会治理全过程。发挥各级党委在市域社会治理中的领导核心作用，发挥基层党组织在基层治理中的战斗堡垒作用，提高党领导市域社会治理的水平。

（3）为民导向。人民群众是社会治理的力量源泉，市域社会治理要以最广大人民群众的根本利益为根本坐标，从人民群众最关心最直接最现实的利益问题入手，不断坚持人民主体地位、持续增进人民福祉、切实维护人民权益。一是把群众利益放在最高位置。始终把以人民为中心作为市域社会治理的根本立场和价值取向。二是坚持一切为了群众。从人民群众最关心的事情抓起，解决好他们最关切的公共安全、权益保障、公平正义问题，增强城乡群众的幸福感、获得感和安全感。三是坚持一切依靠群众。尊重群众主体地位和首创精神，充分发扬民主、广泛汇聚民智、有效激发民力，最大限度地调动群众参与社会治理的能动性和创造性。四是坚持一切由群众评判。尊重和保障群众知情权、参与权、表达权、监督权，做到社会治理过程让群众参与、成效让群众评判、成果让群众共享。

（4）问题导向。市域社会治理现代化要体现时代声音和问题导向。坚持底线思维方法，更好解决各种社会问题，确保社会既充满活力又和谐有序。一是聚焦问题、研究问题、解决问题。一手抓历史遗留累积的存量问题，一手抓新形势下出现的增量问题，切实把风险防住、把漏洞堵严、把短板补齐，推动市域社会治理不断取得实质性突破。二是从最严峻的风险防起。围绕暴恐袭击、社会稳定、公共安全、网络安全等突出风险，打好防御战、歼灭战、攻坚战、持久战，最大限度地把风险隐患化解在萌芽状态，防范风险蔓延、叠加、升级，提高全社会安全系数。三是从最突出的漏洞堵起。针对城市公共安全体系脆弱性、不确定性，从法律、政策、技术、管理等方面综合施策，织密织牢社会风险综合防控网络。四是从最明显的短板补起。围绕人、组织、物、网等社会治理基本要素，推动治理模式从事后应对向源头防范转型，为市域社会治理现代化提供有力的制度保障。

（5）效果导向。逐步把市域社会治理现代化的美好蓝图变为人民群众看得见、感受得到的实效和实惠。一是坚持法律效果与社会效果相统一、社会秩序与社会活力相统一、公平正义与效率效能相统一、应急治标与谋远治本相统一。二是实行目标化管理。把市域社会治理分解为可量化、可评价的阶段性目标，制定时间表、路线图，确保市域社会治理扎实推进。三是实行项目化推进。确定一批市域社会治理重点项目，逐一制定实施方案，明确责任主体，细化具体措施，确保市域社会治理项目做实做好、早见成效。四是实行责任化考核。对各类责任主体完成市域社会治理目标任务的进度、质量、效果进行严格检查评估，以责任到位确保市域社会治理效果到位。

2. 治理体系现代化

市域社会治理体系是党委领导下政府和社会"共建共治共享"的制度体系，包括一整套紧密相连、衔接协调的体制机制和制度安排。具体来说，要优化"四大体系"。

（1）优化市域社会治理的政治体系。按照坚持和加强党的全面领导、提高政府治理效能、形成社会治理合力的原则，加快构建优化协同高效的市域政治体系，切实把党的领导优势和我国社会主义制度优势转化为治理优势。一是构建总揽全局、协调各方的党委领导体制，推动社会治理融入市域经济社会发展全过程，形成问题联治、工作联动、平安联创的格局。二是构建职能优化、运行高效的政府负责体制，推行扁平化管理，形成内部贯通、执行有力的组织体系。三是构建区域联动、部门协作的齐抓共管体制，健全市、县主管部门牵头，相关部门紧密协作的综合治理机制，推动基层治理触角向每个角落延伸。

（2）优化市域社会治理的自治体系。加快构建民主开放包容的市域自治体系，打造人人有责、人人尽责的社会治理共同体，提高市域社会治理社会化水平。一是完善基层群众自治机制，健全以群众自治组织为主体、社会各方广泛参与的新型社区治理体系。二是完善企事业单位自治机制，健全职工代表大会、工会等民主管理机制，发挥好维护职工权益、化解内部矛盾的作用。三是完善社会组织自治机制，推动城乡社会组织成为制度健全、运行规范、充满活力的自治实体，让社会组织的微治理释放出大能量。

（3）优化市域社会治理的法治体系。加快构建系统完备、科学规范、集约高效的市域社会治理法治体系，实现社会治理制度化、规范化、程序化。一是建设科学完备的市域法律规范体系，制定权责明晰、便于操作的地方性法规、地方政府规章，为攻克市域社会治理难题提供有效的法律依据。二是建设公正权威的市域法治实施体系，健全落实依法决策机制，推动程序公开化、裁量标准化、行为规范化。三是建设规范严密的市域法治监督体系，特别是对群众最痛恨的滥用职权、徇私舞弊、贪赃枉法等问题加强监督，建立健全立体化、全天候的市域法治监督网络。四是建设务实管用的市域法治保障体系，构建全市统一的公共法律服务网络。

（4）优化市域社会治理的德治体系。坚持以社会主义核心价值观为统领，完善社会、学校、家庭"三位一体"的德育网络，加快构建具有中国特色、彰显时代精神、体现地方文化的市域德治体系。一是加强社会公德建设、健全市域媒体宣传引导机制，弘扬真善美、贬斥假恶丑，不断提高城乡群众公德修养。二是加强职业道德建设，大力倡导爱岗敬业、诚实守信、办事公道、服务群众、奉献社会的职业道德。三是加强家庭美德建设，培育尊老爱幼、男女平等、夫妻和睦、勤俭持家、邻里团结的家庭美德。四是加强个人品德建设，推动各级学校思想品德教育创新，进一步完善符合当代青少年成长规律的德育体系。

3. 治理能力现代化

社会治理能力现代化是实现社会治理现代化的重要保证。按照党的十九大报告中强调的学习本领、政治领导本领、改革创新本领、科学发展本领、依法执政本领、群众工作本领、狠抓落实本领、驾驭风险本领[①]八个方面，善于以联动融合、开放共治等理念协调社会关系，善于以法治思维、法治方式调处社会矛盾，善于以经济、行政、道德等多种手段规范社会行为，善于以大数据、人工智能等新技术防控社会风险，不断提高市域社会治理能力。

（1）提高统筹谋划能力。科学把握市域社会治理的规律特点，立足市域承上启下的中观定位，吃透中央和省级决策、政策，摸清所辖区域实际情况，统筹经济发展与社会进步，统筹当前工作与长远布局，研究确定本地创新社会治理的总体思路、政策导向、目标任务、方法路径。

（2）提高群众工作能力。把济民困、解民忧作为推进社会治理的出发点和落脚点，在人民群众最迫切要求解决的教育、就业、社会保障、医疗、住房等领域，每年办成几件实事、解决几件难事。把识民意、察民情作为做决策的前提，拓展、畅通民意收集渠道，完善党代表、人大代表、政协委员联系群众制度，落实各级领导干部下基层大接访、与群众交朋友结对子等制度，确保群众诉求听得见。把聚民智、汇民力作为推进社会治理的重要依托，主动适应互联网时代的新特点，走好网上群众路线，构建起市域社会治理的网上网下同心圆。

（3）提高政法改革能力。把中央顶层设计与地方实际紧密结合起来，准确把握中央关于政法口机构改革的目标任务和原则，结合市级政法机关机构、职能和工作实际，谋划党委政法委自身机构改革和政法各单位机构改革。把深化司法体制改革与推进政法口机构改革紧密结合起来，用改革的办

---

① 习近平. 决胜全面建成小康社会 夺取新时代中国特色社会主义伟大胜利——在中国共产党第十九次全国代表大会上的报告［M］. 北京：人民出版社，2017：68-69.

法闯新路。把解决思想问题和解决实际问题紧密结合起来，搞好宣传阐释，引导广大干警积极拥护支持改革。把做好当下工作与谋划长远发展紧密结合起来，探索新形势下市、县党委对政法工作绝对领导的实现形式。

（4）提高创新驱动能力。紧密结合"智慧城市"建设，运用现代科技手段推动社会治理体系架构、运行机制和工作流程创新。提高运用大数据辅助决策的能力，建立人工智能决策辅助平台，推动从依靠直觉与经验决策向依靠大数据决策转变。提高运用现代科技强化治安防控的能力，建立社会稳定数据信息系统，推动从被动"堵风险"向主动"查漏洞"转变。提高运用信息技术服务群众的能力，着力解决企业和群众反映强烈的办事难、办事慢、办事繁问题。

（5）提高破解难题能力。针对农业转移人口市民化难题，研究出台可操作的户籍制度改革措施，让那些长期工作、居住、生活在城市的流动人口真正融入城市。针对"城市病"难题，坚持源头治理，统筹好空间、规模、产业三大结构，从源头上防止环境污染、交通拥堵等问题。针对矛盾纠纷化解难题，聚焦影响社会稳定的历史遗留下来的存量问题，搞清底数，力争每年彻底解决一些老大难问题。通过市、县（区）两级领导干部每月定期下基层大接访等多种方式，切实回应群众的合理合法诉求，防止新的矛盾问题产生。

（6）提高依法打击能力。依法打击市域突出违法犯罪，是市级政法机关保一方平安、促一方发展的重要政治责任。按照党中央统一部署，深入开展扫黑除恶专项斗争，确保打得准、打得狠、打得稳。建立完善市级统一指挥、合成作战、专业研判、分类打击机制，针对影响市域安全稳定的地域性犯罪采取集中打击整治措施，保持对违法犯罪活动的压倒性态势。始终坚持在法治轨道上打击违法犯罪活动，确保每一起案件都经得起历史和法律的检验。

（7）提高舆论导控能力。互联网就是新战场，新媒体就是新战力。要下决心把工作重心转移到互联网新媒体上来，不断提高新媒体的品牌创新能力、话题设置能力、"引关圈粉"能力，让亿万网民听到党的声音。做好预知预警预置工作，有效化解重大舆情风险，坚决维护网络意识形态安全。善于运用新媒体开展政法工作和社会治理宣传，最大限度地凝聚人心，赢得广大人民群众的理解、关心、支持。

（三）根据市域社会治理现代化的三个维度来解读

"市域社会治理现代化"由"市域""社会治理""现代化"三个词组成。这为理解市域社会治理现代化提供了三个维度。

1. "市域"的维度

市域指设区的市，市域社会治理与国家治理、省域治理、县域治理、基层治理并列而又相互关联。市域面临的各种问题表象在市级，而根源在于上下层级。市域社会治理现代化需要定位在地级市，解决市级政府"悬浮"问题。在经济方面，通过中心城市的高质量发展，发挥示范带动效应，带动形成各具特色的城市群和都市圈。在社会治理方面，通过强化市级政府的顶层设计和统筹协调能力，提升市域社会治理的现代化水平。从经济发展与社会治理的关系来看，经济高质量发展与传统粗放式的经济增长模式不同，经济高质量发展需要高水平社会治理与之匹配，二者互相促进，以此实现经济社会高质量可持续发展与安全发展。

2. "社会治理"的维度

从"社会治理"的维度来看，市域社会治理不仅强调政府的作用，同时也强调企业、社会组织、公民等多元主体参与治理的重要意义与治理成效。在发挥政府作用的同时，拓宽企业、社会组织、公民等其他主体参与治理的制度化渠道，构建人人有责、人人尽责、人人享有的治理共同体，实现政府治理同社会调节、居民自治良性互动，构建既充满活力又安定有序的社会治理新格局。

3. "现代化"的维度

伴随着新一轮科技革命和产业变革的加速推进，以大数据、云计算、区块链等为代表的数字技术不断发展，深刻影响着社会生产和生活，成为社会治理模式变革的重要动力。市域社会拥有海量数据和丰富应用场景，能够较好发挥大数据辅助决策、研判风险的优势，推动社会治理科学化、精细化、智能化，充分释放数字技术红利，不断满足人民日益增长的美好生活需要。

第二章 市域社会治理现代化的特征、模式、时代性与案例探索

党的十九届四中全会提出"加快推进市域社会治理现代化"① 的要求，这是构建基层社会治理格局的重大创新，旨在破解基层社会治理中存在的诸多难题，进一步完善"共建共治共享"的社会治理体系。准确把握市域社会治理的特征、模式、时代性，是推进市域社会治理现代化的基础和前提。在实践中，全国市域社会治理现代化工作会议制定了《全国市域社会治理现代化试点工作实施方案》《全国市域社会治理现代化试点工作指引》，为开展市域社会治理现代化试点工作指明了方向。

第一节 市域社会治理现代化的特征和模式

与纯粹的城市治理和乡村治理相比较，市域社会治理具有城乡并存的混合治理特点，是一种跨县域的多市县统筹性社会治理，同样需要坚持党委领导、政府负责、民主协商、社会协同、公众参与、法治保障、科技支撑，坚持以人民为中心，建设"人人有责、人人尽责、人人享有"的社会治理共同体，提高人民群众的获得感、幸福感、安全感等基本要求和价值导向。但同时，市域社会治理也有自己独特的内在特征。

市域社会治理现代化的模式体现为"和合善治同心圆"。和合是一种宽容品格，和合文化是一种文化理念，同时也是中华优秀传统文化的代表。习近平总书记曾对和合文化有过解释："'和'指的是和谐、和平、中和等，

---

① 中共中央关于坚持和完善中国特色社会主义制度 推进国家治理体系和治理能力现代化若干重大问题的决定[M]. 北京：人民出版社，2019：30.

'合'指的是汇合、融合、联合等。这种'贵和尚中、善解能容,厚德载物、和而不同'的宽容品格,是我们民族所追求的一种文化理念。"[①] 具体来说,把和合文化运用到经济领域,特别是在个体经济方面,发扬和合文化的"和气"理念,形成"和气生财"的氛围;把和合文化运用到政治领域,在召开会议时,发扬和合文化的"协作"理念,充分做到政治协商;把和合文化运用到社会领域,在治理社会过程中,发扬和合文化的"协同"理念,实现党委、政府、社会、公众等各个主体的协同治理。

一、市域社会治理现代化的特征

市域社会治理是传统县域治理的层次提升与空间重组。市域社会治理现代化是实现国家治理体系和治理能力现代化的重要基础和组成部分,是体现时代特征、中国特色、市域特点的共治共管、共建共享的持续治理行动及其社会化、法治化、智能化、专业化的实施过程。

法治是治国理政的基本方式,市域社会治理现代化首先表现为法治建设的现代化,没有法治、不重视法治的社会治理就不能算是现代化的社会治理。对于一些重大矛盾风险,基层往往很难解决,而市域层面更有利于根据本地特点,作出有针对性的法治设计和安排,让法治建设更能落地,这在一定程度上扩大了市域自治的空间。要注重法治在市域社会治理中的作用,以法治凝聚社会治理共识、规范社会治理方式、优化社会治理体系,强化系统治理、综合治理、源头治理,多维度、多渠道、多手段破解市域治理"痛点""堵点""难点",维护社会公平与公正。

市域是矛盾风险的易发地,也是推进基层治理现代化的前线指挥部。市域汇聚人口、资金、技术、数据等各类资源,有着多元治理主体,具备应对复杂局面的资源。加强资源整合是完善市域社会治理体系、提升市域社会治理水平的重要前提。以前偏重县/市/区以及街道/乡镇和村/居层面的社会治理,现在中国共产党中央委员会政法委员会直接抓市域社会治理现代化,地级市既面临难得机遇,也要应对矛盾叠加、风险隐患增多的严峻挑战。这就要求我们要以更加成熟的治理体系和更加高超的治理能力抓住机遇、应对挑战,为全面建设社会主义现代化国家夯实基层社会基础。

地级市对社会治理的重视,进一步提升了社会治理的系统化水平。国家

---

① 习近平. 之江新语 [M]. 杭州:浙江人民出版社,2007:150.

治理体系和治理能力现代化体现在三个层面：宏观层面、中观层面和微观层面，其中市域是中观层面。党中央高度重视社会治理现代化，促使基层进行实践，并取得显著成效。如果市域这个中观层面跟不上，社会治理的系统性和体系化就难以实现。从另一个角度来看，市域社会治理涉及跨县/市/区的治理，具有更强的整合能力，更容易做出协调性、系统性安排，当然在监督上也更有力和更直接。

市域是基本空间治理单元，深入挖掘和创新空间治理研究可促进市域社会治理现代化。特定地理空间包含主体意识、集体记忆和文化认同等。为提高市域社会治理水平，可塑造具有市域特色的文化场所和精神地标。这就需要充分挖掘能够引起群众自豪感的历史文化和唤起群众集体意识的风土人情。例如，浙江嘉兴地区以"红船精神"作为社会治理理念，"红船精神"体现了中国共产党创立时为中国人民谋幸福、为中华民族谋复兴的初心和使命，这也成为嘉兴推进市域社会治理现代化的精神理念。同样，杭州市在社会治理现代化方面确立了"平安六合"精神，建立"六和塔"工作体系，即"三级三层六和六能"组织架构和"党建领和、社会协和、专业维和、智慧促和、法治守和、文化育和"治理体系。空间治理对市域社会治理创新具有较强的适配性和可行性，以空间文化认同引领市域社会治理，为其他地方提供了一定的启示和借鉴。

二、市域社会治理现代化的模式

"和合"是中华优秀传统文化精神的集中体现。"善治"是社会治理现代化的最高境界。"同心圆"是指在党的领导下多元主体参与社会治理而形成的治理格局，形象地体现了党委领导、政府负责、民主协商、社会协同、公众参与、法治保障、科技支撑的社会治理体系，打造"共建共治共享"的社会治理格局。因此，"和合善治同心圆"是市域社会治理现代化的模式。

"和合文化"包含了"以和为贵""和而不同""善解能容"等思想内涵，是中华"和"文化的重要瑰宝。在社会治理中体现和深化"和合善治"，深入实施和合文化影响力提升行动，以立德树人、以文化育人，着力提升市域社会治理的"软实力"。"合"最早见于甲骨文，其本义为盖合，后引申为闭合、聚合、结合、符合等义。象形观点认为合是由"亼"和"口"组成。"亼"本义为扣合的器皿盖，"口"即嘴，人各一张，所以"合"的字面意思可理解为将口闭拢。《说文・亼部》："合，合口也。"本义为闭合、合拢，如合眼、合抱，将"口"视作一个较小的范围或区域。也指来自不同地方、不同方向的事物聚集在一起，如合资、合作、合力、合众、联合、聚合、整合等。"和"与"龢"字音相同，意义相通。"龢"在甲骨文中就已经出现，左边是形旁"龠"，其字形像一排竹管合拼而成的乐器，是笙和箫之类的吹奏乐器。右边为"禾"字，此处表示读音。不同乐器一齐吹奏，声音悦耳动听，显得很调和、和谐，所以"龢"字的本义是指乐器声音调和、和谐。"和"字的出现比"龢"字的出现要晚，其左部为"口"，右部为"禾"。"和"从口，表示用"口"来演奏乐器或唱歌；"禾"为声旁，表示读音。《说文解字》将"和"与"龢"分成不同意义的两个字。"和"指声音相应和、和谐地跟着唱或伴奏，"龢"指调和、和谐。

简而言之，"合"是综合治理、协同治理、系统治理理念的具体体现，"和"是化解社会矛盾、促进公平正义、增强社会团结的体现。两者之间密切关联，"合"为路径、方法和手段，"和"为价值、目标和理想。它们的关系是以"合"求"和"、为"和"而"合"。"和合"不仅是一种精神，也是一种方法，尤其是一种社会治理方法。

习近平总书记强调："我们的祖先曾创造了无与伦比的文化，而'和合'文化正是这其中的精髓之一。"[①]"和合"文化为构建社会主义和谐社会创造了良好的环境，体现了中华民族追求身心和谐、人际关系和谐、人与社会关系和谐、人与自然关系和谐的社会追求。中国文化最根本性的因素之一是"和合"。人类命运共同体思想与和合文化在本质上是一脉相承且高度一致的，是中国传统和合文化在新时代的继承与发展，也是对世界共同体的全新解读。将"和合"精神引入社会治理现代化，具有以下几个方面的效果：一是使人们更容易理解、接受社会治理现代化，使社会治理更契合人们的日常生活需求；二是和合具有很明显的方法论价值，在社会治理中，尽可能用和合的态度和方式化解矛盾纠纷，有效实现社会和谐；三是有利于提高公众参与社会治理的积极性，只有人人参与社会治理，才会增进人人"和合"，达成彼此"共享"的目标。

"和合"既是善治的手段和方式，也是善治的目标。善治是一种体现社会主义核心价值观、社会各阶层和衷共济的社会治理模式，其内涵是依法保障人民对美好生活的向往。"善治"一词作为政治语言最早出现在《汉书·举贤良对策》中，系汉代著名政治家、思想家董仲舒提出的一种仁政思想。

---

① 习近平. 之江新语[M]. 杭州：浙江人民出版社，2007：150.

善治是对理想的社会治理状态的描述，是使公共利益最大化的社会管理过程，其本质特征是政府与公民对公共事务的合作管理，是政府与市场、社会的一种新型关系。善治一方面有效地为社会治理确立了目标；另一方面通过多方主体平等参与，解决治理实践中出现的信息不对称、信息失真等问题。俞可平认为，善治需要有十大要素：合法性、法治、透明性、责任性、回应、有效性、参与、稳定性、廉洁、公正。这十大要素与詹姆斯·N. 罗西瑙（James N. Rosenau）的四要素大同小异，只是这十大要素更切合中国国情。市域社会治理现代化提倡的政治、法治、德治、自治、智治的"五治"融合，其中就包含着善治的许多要素，关键在于如何实施，特别是要构筑实施善治的机制、体制和政策体系。善治不是一蹴而就的，走向善治是一个漫长的过程，它需要我们立足中华优秀传统文化，不断吸收世界先进文化，在中国道路上不断探索奋进、勇往直前。

"和合善治同心圆"是在实践操作层面实施和合善治的机制布局，要以善治高标准谋划、高水平推进，探索多元治理、和谐治理的新路径，构建和谐有效的社会秩序、激发创新治理的社会活力、培育凝聚民心的公共精神，提升群众的获得感、幸福感。由此可见，和合既是市域社会治理现代化的精神理念，又是其方法论；善治既是其目标，又是和合理念的体现；同心圆是实现和合善治的体制机制布局，体现社会治理现代化基本格局。也就是说，"和合善治同心圆"体现了社会治理的理念、方法、机制和格局，为市域社会治理现代化奠定了基本框架。

第二节　市域社会治理现代化的时代性

市域社会治理现代化的时代性，指随着社会治理理论的革新、新经济背景下社会治理的前瞻性、城乡与区域之间的迁移以及现代信息技术的进步，中国共产党、中国政府、基层群众及其他主体在实践中不断探索、总结，对传统社会治理模式进行调整和变革。

一、社会治理理论的革新

社会治理是在进入新时代之后提出来的，以前通常采用的是社会管理。

社会管理和社会治理，都是为维护社会秩序，对社会事务和社会活动进行规范和协调。二者虽然只有一字之差，但含义还是有很大差别。首先，主体上，社会管理将政府视为主体，将社会视为客体，偏重于政府对社会的管理和控制；社会治理强调多元主体，政府和社会都是治理主体，二者平等地对公共事务进行共同治理。其次，过程上，社会管理是单向度的，强调政府对社会单方面的管控；社会治理是多向度的，强调多元主体间的协商合作。最后，内容上，社会管理强调政府对公共事务的管理；社会治理强调党委、政府、社会组织、公众等社会治理共同体的合作共治。

党的十七大报告强调，"社会管理逐步完善"[①]。这一表述仍然强调的是"社会管理"，政府是管理的主体。党的十八届五中全会则提出，"加强和创新社会治理"[②]，提倡"构建全民共建共享的社会治理格局"[③]，社会逐步从"被治理的对象"转变为"治理的主体"。自上而下的治理转型在实践上推动了社会治理朝着多权力中心、多机制共治的方向发展。

社会治理现代化的核心命题是国家和社会关系的重塑，运用多种机制回应社会领域的问题，从而实现善治的目标。新中国成立初期，在我国总体性社会结构中，国家几乎掌握着全部的重要资源。通过"强国家、弱社会"模式的建立，我国社会迅速恢复了秩序与稳定。社会主义市场经济体制的确立冲破了"强国家、弱社会"的格局。推动社会治理现代化，不仅需要厘清政府与社会的边界，而且需要重视国家在培育和激发社会活力方面发挥的重要作用。

作为社会治理领域的一种崭新提法，市域社会治理由空间范围、行动主体、治理手段、治理目标四个基本要素构成。从空间范围来看，市域社会治理是城市社会治理与农村社会治理的融合体。从行动主体来看，市域社会治理是市域范围内党委、政府、群团组织、经济组织、社会组织、自治组织、公民等多元行动主体，在党委领导、政府负责、民主协商、社会协同、公众参与、法治保障、科技支撑的社会治理体系基础上开展的一种社会行动。从治理手段来看，市域社会治理是市域社会治理主体运用党建、法律、道德、心理、科技、民规民约等社会规制手段开展的一种社会行动。从治理目标来

---

① 中国共产党第十七次全国代表大会文件汇编[M].北京：人民出版社，2007：4.
② 中共中央文献研究室.十八大以来重要文献选编：中[M].北京：中央文献出版社，2016：819.
③ 中共中央文献研究室.十八大以来重要文献选编：中[M].北京：中央文献出版社，2016：819.

看，市域社会治理的直接目标是化解市域社会矛盾、解决市域社会问题，终极目标是促进市域社会和谐稳定。

市域社会治理与市域社会治理现代化在空间范围、行动主体、治理手段等方面具有一致性。市域社会治理现代化的全面推进是一项系统工程。要加快推进市域社会治理现代化，就必须坚持问题导向，树立整体性思维，着力固根基、扬优势、补短板、强弱项，夯实市域社会治理的思想基础、政治基础、群众基础和制度基础。

二、新经济背景下社会治理的前瞻性

中国经济的发展不仅表现为规模和体量的不断壮大，而且体现在经济体制和结构的实质性变迁。就三种产业比例关系来说，第一产业占比已经下降到 6.3%；第三产业占比已经超过第二产业，占比最高；第二产业中传统制造业不断更新换代，高技术制造业占比越来越高。与此同时，经济体制趋于多元化，外资、民资、国资竞相发展，形成竞合格局。为适应新经济发展范式，迫切需要加快探索并建立适应和推动新经济发展的治理方式，从工业经济的政府管理走向新经济的创新治理成为"时代之需"。

新经济时代的治理创新该如何做，部分新经济企业在实践中已经积累了一些经验。相较于基于工业经济思维的政府管理，市域社会治理呈现三大变化。第一是理念变化，从管理走向治理。管理存在着主体与客体的分界，即管理者与被管理者二元管理关系，这是行政或司法约束思维，而治理强调社会多元主体的共同管理，除却约束思维外，更加强调公共服务思维。第二是主体变化，从以政府为核心向多元主体转变。尤其是新经济企业的参与，打破了原有的公共服务边界，承担起了部分社会与行业治理功能，并不断拓展治理层级，重视市域社会治理的作用；同时对于其他主体，如消费者、公众、社会组织等来说，参与治理的投诉反馈、监督举报等渠道变得更加便捷、透明。第三是手段变化，手段更加灵活、高效。就政府而言，在行政、司法、政策手段外，开放场景成为新的社会治理手段；就企业而言，通过制定守则、标准、程序等灵活多样的规则参与治理。此外，数字技术还提升了治理的实效性和精准性。

当前，进一步提升新经济治理能力，需要多方合作，加强研究。重点强化市域层面政府、企业与智库的合作，加强对新经济发展规律和趋势、关键制度障碍等问题的研究，建立服务于新经济发展的市域社会治理体系。

三、城乡与区域之间的迁移

随着我国经济的快速发展，社会制度、社会结构和社会体制随之发生了深刻重构，塑造了中国社会的基本秩序。改革开放前，社会体制不允许城乡之间、区域之间、城市之间、行业之间等迁移流动，社会基本上处于静止的样态，农民很难转变为城市居民，城市居民不能随意到其他城市居住或工作。改革开放后，逐渐解除了束缚人们自主择业、流动择业的限制，中国从原来的静态社会转变为动态社会，社会管理模式也随之由静态管理转变为动态管理。

根据第七次全国人口普查公报，居住在城镇的人口已经达到9.02亿人，占全国总人口的63.89%（2020年我国户籍人口城镇化率为45.4%）；此外，我国人口还呈现流动增长以及人户分离的特征。在全国人口中，人户分离人口为4.93亿人，与2010年第六次全国人口普查相比，人户分离人口增加2.31亿人，增长88.52%；流动人口增加1.54亿人，增长69.73%。[①] 随着城镇化的快速发展，基层社会已经从静态社会转变为流动社会，城乡二元体制面临更加严峻的挑战。从"单位人"到"社会人"的转型，要求对社会治理方式和手段进行革新。城市化发展对社会治理提出了新的挑战。我国常住人口城镇化率从改革初期的19%左右增加到2022年的65.2%[②]，平均每年提高一个多百分点，即每年至少有1400万农村人口转变为城镇人口。城市越来越大，人与人之间的情感可能越来越疏离，社会矛盾多发，进而影响多元主体平等参与以及合作共识的达成。

城镇化对现代化治理提出更高的要求，更加注重协同治理。善治取向的协同化治理重视凝聚社会共识、畅通参与渠道，协同公共部门和社会组织调动多元主体参与社会治理的积极性、主动性和创造性，促进超越行政区划和组织边界的联合行动，使其充分行使参与权、决策权、监督权等治理权利，促进各主体协同互动，共同解决难题，汇聚基层治理的强劲合力，进而增强基层善治能力。

[①] 国家统计局. 第七次全国人口普查公报（第七号）[EB/OL]. (2023-05-11)[2023-07-06]. http://www.stats.gov.cn/sj/zxfb/202302/t20230203_1901087.html.

[②] 中国常住人口城镇化率突破65%　城镇化进入"下半场"[EB/OL]. (2023-03-29)[2023-07-06]. http://www.china.com.cn/txt/2023-03/29/content_85198085.shtml.

四、现代信息技术的进步

党的十九届四中全会公报在构建社会治理体系方面，增加了包含"科技支撑"①的社会治理体系的表述，这是公报的创新和亮点，也是加强和创新社会治理的新机遇。随着新技术革命和新产业革命的孕育兴起，以大数据、云计算、5G通信网络、物联网、工业互联网、人工智能、区块链、高性能集成电路等为代表的新一代信息技术，对经济社会的发展产生了深刻影响，并为市域社会治理体系和治理能力现代化提供了有力的科技支撑，提升了社会治理的专业化和智能化水平，改变了社会治理的机制、方式和形态，为国家和社会关系的调整提供了新的可能性。2014年2月，习近平总书记在中央网络安全和信息化领导小组第一次会议上指出，"没有信息化就没有现代化"②。随着信息技术的推广应用，国家治理体系已经出现"技术＋规则"的发展态势。虽然信息化对国家治理体系和治理能力有明显的促进作用，但随之也产生了新的治理风险。比如，互联网的快速发展与信息量的爆炸性增加，使社会信息呈现出碎片化特点，且网络传播速度快，信息真假难辨，这些都给网络舆情管控和社会治理工作增加了难度，考验着政府的治理能力，成为推动治理体系和治理能力现代化的重要内容。又比如，由于人们越来越依赖移动支付，街头巷尾、公共交通要点以及入室等盗窃案件减少了很多，但是电信诈骗的案件却越来越多，诈骗方式和花样变化无穷，防不胜防，给市域社会治理带来了很大挑战。因此，信息时代的社会治理现代化在于既能最大限度地发挥技术的潜力，又能对技术的局限和边界有清醒的认识。

总而言之，社会治理情境已经发生了快速且显著的变化。一是社会治理理论的革新为市域社会治理现代化奠定了理论基础，二是新经济发展范式对市域社会治理提出了越来越高的要求，三是城乡关系格局的变化给市域社会治理提出了前所未有的挑战，四是科技进步改变了市域社会治理形态。在此背景下，党中央提出了市域社会治理现代化，以应对新时代社会情境的变化，显得非常及时和必要。

---

① 中国共产党第十九届中央委员会第四次全体会议公报[M]. 北京：人民出版社，2019：13.
② 习近平. 习近平谈治国理政：第1卷[M]. 北京：外文出版社，2018：198.

市域社会治理现代化理论与实践探索

第三节 市域社会治理现代化的探索
——台州市的"中国之治"

在国家治理现代化背景下,市域社会治理的地位和作用越来越重要,推进市域社会治理现代化已成为国家治理现代化的必然选择。2020年8月,中央政法委批复同意台州市为全国市域社会治理现代化的第一期试点地区。这是打造市域社会治理现代化"中国之治"的最佳契机。市域社会治理现代化的探索——台州市的"中国之治",具有兼容性,是台州市市域社会治理"一般模式"和"特色模式"的统一体,体现了市域社会治理的普遍性与特殊性的统一。

一、"中国之治"概念的由来

台州市作为国家市域社会治理现代化的试点城市,其中的一个重要使命就是探索和践行"中国之治",促进市域社会治理理念、目标、布局、体制、方式、政策、能力现代化,形成可复制可推广的经验做法。尤其在完善市域社会治理体制机制、创新市域社会治理方式手段、提升市域防控风险与服务群众水平等方面先行先试,不断提高市域社会治理整体水平,建设更高质量、更高水平的"平安台州",不断增强群众获得感、幸福感、安全感。

党的十九届四中全会审议通过的《中共中央关于坚持和完善中国特色社会主义制度 推进国家治理体系和治理能力现代化若干重大问题的决定》,总结了中国共产党过去几十年的治理成效,体现在以下几个方面:坚持党的集中统一领导、坚持人民当家作主、坚持全面依法治国、坚持全国一盘棋、坚持各民族一律平等、坚持社会主义制度和市场经济有机结合、坚持共同的理想信念、坚持以人民为中心的发展思想、坚持改革创新等,体现了高效、系统、协同、共享等,目的是建设人人有责、人人尽责、人人享有的社会治理共同体。台州市市域社会治理现代化示范实践,正以创新方式落实"中国之治"在地方上的高效、系统、协同和共享理念,构建现代化的社会治理共同体。

二、台州市市域社会治理现代化的实践

台州市市域社会治理现代化实践体现在体制机制、枢纽、社会参与、数字治理、全科网格、"五治"融合、共同体建设等方面，这里主要介绍体制机制、全科网格两个方面的具体实践。

在体制机制方面，着力破除条块分割困境。整合资源，构筑市域社会治理的枢纽机制，即矛盾纠纷调处化解中心，让所有矛盾和问题都能在一个平台上一站式解决，让老百姓在处理矛盾纠纷时"只进一扇门、最多跑一地"，助力实现从以"政府"为中心向以"人民"为中心的理念转变，以期更高效地解决各类矛盾纠纷，更优质地服务广大人民群众。另外，可以通过矛盾纠纷调处化解中心，将社会矛盾和问题在村/居、乡镇/街道和县/市/区三个层面进行分流，尽可能实现"小事不出村、大事不出镇、矛盾不上交"，将矛盾解决在源头，纠纷化解在基层。

在全科网格方面，完善推广"全科网格治理"模式。全科网格治理是在不断完善网格化治理的过程中形成的，是网格化治理的升级版。全科网格治理就是以基层社会治理"一张网"为基础，整合各部门分散的"网"和"员"，建立一支综合的全科网格员队伍，承担各部门的基层网格管理工作，从而实现"一网运行，全域覆盖""多元合一，一员多用"的治理方式。在全科网格治理方面，台州市与时俱进，不断创新，形成了自己的特色。作为推动基层社会治理精细化的举措，全科网格治理为形成市域社会治理现代化"台州模式"，提供了基层治理方面的经验。

台州市市域社会治理现代化的试点成效，最直接地体现在平安建设方面。运用系统思维、底线思维，防范化解市域社会治理重大风险和难点问题，健全风险共防、难题共破、责任共担的部门协作"大联动"机制，推动更高水平的"平安台州"建设，形成"共建共治共享"的市域社会治理现代化新格局。

三、台州市市域社会治理现代化的启示

为进一步完善、总结和提炼台州市市域社会治理现代化试点的经验，同时落实源头治理、系统治理、综合治理的思路，更好地解决市域社会经济发展过程中的新问题，应着重从以下几个方面下功夫。

（一）高度重视社会建设的维度，推动治理理念现代化

市域社会治理现代化的核心是推动国家与社会关系的重塑，让社会成为"治理的主体"，而非"被治理的对象"。台州市的试点实践在完善党委领导、政府负责、民主协商、社会协同、公众参与、法治保障、科技支撑的社会治理体制方面，做出了许多创新的实践。如充分发挥了党委和政府的作用，在市域层面进行顶层设计、出台系统的配套激励考核制度等；重视发挥社会的主体作用，具体来说，以"社会建设"为中心的社会治理，就是强调社会主体的能力建设，为其提供公共参与的制度化渠道与平台，鼓励更多社会力量主动参与决策，构建多元共治的市域社会治理格局，提升社会治理效能。

（二）充分发挥基层的自主性，实现制度化和灵活性的统一

市域作为连通国家和基层的中间层级，发挥着承上启下的枢纽作用。台州市在市域社会治理现代化的实践中，根据自身实际落实了中央和省级的政策理念，自上而下地指导和推行了相关的政策实践。其主要表现为建立市、县、乡三级推进组织落实机制，注重从制度层面破解市域社会治理难题，以政策和制度层面创新推动实践创新。制度化的重点和难点在基层，很多基于良好理念的政策在执行中总是面临"最后一公里"的落实障碍，在实际治理中偏离了预期目标。基层是社会治理的前线，具有信息优势，对现实更具敏锐性，要重视发挥基层的自主性和能动性。台州市的试点实践，如民主恳谈会、守信激励再创业机制、"三化十二制"等，都是基层的自发探索和尝试，经过逐步调整和完善，最终在市域甚至更高层级推广和应用。自上而下与自下而上两种机制的协同，有助于实现制度化和灵活性的统一，这也是台州市试点的一个重要经验。

（三）理性认识智能治理的局限性，遵循以人为本的治理思维

当今世界科学技术日新月异，数字化、网络化、智能化深入发展，为社会治理模式创新带来了新机遇。台州市人民政府在科学技术领域投入了大量资金，强化了智治的硬件保障，比如"雪亮工程""智慧城管""智慧法院""智慧风控预警"等平台和APP建设，以及街道综合信息指挥室、决策驾驶舱等。推进智能治理的过程中，硬件投入固然重要，但是一味强调投入，容易造成重复建设，或者由于制度和体制改革的滞后，硬件的效果无法充分发挥，因此，要做到硬件和软件建设并重。应运用整体性治理的思维，着力解

决当前智能治理中存在的碎片化、信息孤岛、应用深度不够等问题，避免过度建设和重复建设。还应打破技术迷思，反思技术的弊病、问题与隐患，形成以人为本的治理思维。因此，市域社会治理智能化既要探索运用新技术解决社会现实问题的可能路径，又要积极回应由新技术引发的隐私和伦理困境，并从制度和立法层面对技术手段的运用进行约束和规范。

（四）系统回应共性问题，提炼可推广的典型经验

台州市致力于打造具有中国特色、时代特征、台州特点的社会治理体系。作为民营经济发达的东部沿海城市，台州市具备实现社会治理现代化的优势。台州市市域社会治理现代化试点的目标包含三个层次：一是探索有效解决当地问题的创新路径，二是为同类型的城市提供经验借鉴，三是成为中国社会治理现代化的样板和标杆。在试点的初期，重点搭建一个基础性的制度框架，鼓励多层次的政策创新。在试点的中期，一方面继续深化实践探索；另一方面更加强调对问题的梳理以及对经验的系统化挖掘，形成分领域、分类型的创新经验。在试点的后期，将局部的创新探索和经验扩展到常规性的治理体系当中，真正从治理体制、工作布局和治理方式等方面推动市域社会治理现代化。从"台州经验"变成"中国样板"，需要做到立足本地、放眼中国乃至世界，除本地的自发创新以外，也要系统地学习和借鉴国内外其他城市的先进经验，将其中的理念、方法、手段等整合到市域社会治理体系中。

第三章　新发展格局下市域社会治理现代化

马克思主义基本原理告诉我们，共性寓于个性之中，并通过个性表现出来。国内外基于不同国情和市情的市域社会治理的探索，形成各具特色的个性特征，而这些个性特征都指向市域社会治理的共性规律。发达国家推进社会治理的初衷与经济社会的时代转型密切相关。有的国家陷入经济增长的困境，民生问题与社会矛盾如影随形；有的国家面临经济发展模式的转型，社会问题和社会冲突要求社会治理的同步转型；有的国家在种族、宗教、文化等方面的复杂特征与生俱来，加快工业化和现代化成为破局的关键；等等。推进国家治理体系和治理能力现代化，实现更高质量、更有效率、更加公平、更可持续、更为安全的发展，既是经济发展模式优化转型的要求，也是社会治理模式迭代升级的必然，高质量发展与高水平治理互相依托、互相促进、相得益彰。

第一节　推进市域社会治理现代化要厘清的误区

加强市域社会治理、推进市域社会治理现代化是一个全新的概念。目前，理论界与实务界对其内涵的理解还存在模糊甚至片面之处，厘清认知误区、明确基本内涵乃是当务之急。

一、市域社会治理并不是单纯指"治理城市社会"

目前，各级政府在加强和创新社会治理实践中，不断总结经验、创新模式，但是个别地方和部门仍然把社会治理简单理解为"治理社会"，视为政府对社会的管控，片面强调利用数字化、网络化、智能化等技术，将所有的乡村及居民都纳入村社、镇街、区县、市域的智慧管理之中，以此提升政府对社会的管控能力。出于这种认识误区，这些治理主体将市域社会治理简单理解为"治理城市社会"。这种通过技术赋能政府、建设"强政府"的认识，将社会治理理解为治理社会的思维，仍然是典型的政府中心主义，以"管控""强制"为原则和方式，与"治理""善治"等现代化理念大相径庭。

二、市域社会治理并不是将社会治理"主战场"从乡村转移到城市

一直以来，相对于城市社会治理而言，我国乡村社会治理较为薄弱，甚至可以说二者存在错位和断层现象，缺乏统筹城乡社会的高层次的社会治理形态。所以在现实中，有的观点将市域与农村对立起来，认为市域社会治理的提出，标志着社会治理的"主战场"从乡村转移到城市，社会治理的重点只在城市空间，将乡村空间排斥在外。市域社会治理不同于传统城市治理，强调行政层级概念，具有承上启下的枢纽作用，对上贯彻中央决策部署，对下指导基层一线工作，强调以城带乡。

三、市域社会治理并不是社会治理的总和

有的地方在推进市域社会治理中，将其单纯等同于县（市、区）社会治理的总和，简单地把市域社会治理任务逐级分解到县、乡、村三级。这是将市域社会治理简单等同于"1+1=2"的问题，忽视了它的系统性、整体性和协同性特征。市域社会治理与国家治理、省域治理、县域治理、基层治理相互并列又相互联系，不能就市域范围内的社会治理问题讨论市域社会治理之道。市域社会治理的概念只是一个"横截面"，其问题的表象在市级，根源在上下级的关系，需要国家治理、省域治理、县域治理、基层治理的统筹部署与协同联动，最终实现"1+1>2"的目标。

四、市域社会治理并不等于社会治安综合治理

为了加快推进市域社会治理现代化，由政法、综合治理部门牵头，很多地方投入了大量人力、物力和财力，从城市到乡村大力建立社会治安综合治理中心，"天网工程""雪亮工程""智慧城市""智慧社区"等硬件建设铺天

盖地，其中增加了很多"管控"的意味。维护社会治安、稳定社会秩序，这是市域社会治理的应有之义和基础工程，但并不是其全部内容。根据社会结构功能原理，让社会既充满活力又和谐有序，"寓活力于规范之中"，是社会治理的目标所在，也是推进市域社会治理现代化的必然要求。

第二节 新发展格局下市域社会治理现代化的价值定位

构建新发展格局是立足于新发展阶段、实现高质量发展的重大战略部署，推进市域社会治理现代化是面向社会发展新阶段、提升市域社会治理效能的全新治理变革，二者相辅相成、相互促进，共同构成中华民族伟大复兴战略全局的两大主动力。基于此，新发展格局下推进市域社会治理，体现了经济繁荣、政治稳定、社会和谐、城乡融合、区域平衡、生态美好、生活幸福等价值追求，具有如下价值定位。

一、推进市域社会治理现代化，适应高质量发展

构建新发展格局，不断实现高质量的发展，必然要求高质量的社会治理与之相适应，要求社会治理更加有效、精准和人性化。推进市域社会治理现代化，能够更好地适应我国高质量经济发展的需要。

（一）推进市域高效能治理，实现经济高质量发展

"市域社会治理是多元主体为促进地方经济发展、维护本市域群众利益以及规范社会治理行为、建立良好的社会秩序，在一定框架下对共同公共事务进行行为规范的一种制度安排。"[①]

市域社会治理从本质上来看是一种制度框架。道格拉斯·C.诺斯（Douglass C. North）和罗伯斯·托马斯（Robert Thomas）指出，现代经济增长理论所强调的资本、劳动甚至技术等因素，只不过是增长的表现和结果，而非原因，制度变迁才是经济长期增长的源泉。很多学者的研究结论也

---

① 郑军. 市域社会治理的基本特征及对地方经济发展的影响 [J]. 当代经济，2020（3）：15.

表明，制度因素和经济增长互为因果关系，政府和公民在社会治理方面的投入会对地方经济发展产生明显的影响。

推进市域社会治理现代化建设，建立人人有责、人人尽责、人人享有的社会治理共同体，通过多元治理行动主体的联动，政治、法治、德治、自治、智治等治理方式的协同，省、市、县、乡、村的整体性运作，多部门上下联动、齐抓共管，实现市域的高效能治理，为推动经济高质量发展提供保障和服务。

一是进一步优化市域营商环境。随着市域社会治理现代化任务的提出，市域社会治理的体制架构整体性、治理目标多重性、治理主体多元性、治理方式协同性、制度保障完整性必然会促使市域营商环境的不断优化，推动地方加快建设横向到边、纵向到底的营商环境体系，为城市经济发展提供制度保障，从而驱动地方经济高质量发展。

二是零成本驱动经济发展。价值信念、风俗习惯、文化传统、道德伦理及意识形态等非正式治理方式，是一种在长期社会交往的过程中被认可，从而自发共同遵守的行为准则。"德治""自治"的治理方式既不需要政府的财政投入，还能有效提高潜在的市域社会治理效能，对经济发展的贡献不亚于政府的直接投入。

三是妥善化解社会矛盾。新时代我国社会结构发生了一系列新的变化，城乡差距不断缩小、人口老龄化问题逐渐突出、职业多样化趋势加快、社会观念多元化凸显、统筹国内国际两个大局的难度加大。越来越多的社会因素向城市聚集，社会问题也在市域内凸显，只有抓住市域这个关键层级，才能妥善化解发展过程中遇到的各种社会矛盾，为高质量发展营造良好稳定的社会环境。

（二）保持经济高质量发展，促进市域高效能治理

经济高质量发展与高效能治理耦合互动的过程就是市域社会治理实现现代化的过程。经济高质量发展是治理效能提升的基础和前提，能为高效能治理提供物质保障和技术支持。比如经济高质量发展能为高效能治理提供所需的人力、物力、财力，科技创新带来的先进科技应用能为高效能治理提供技术支撑，从而不断满足人民日益增长的民主、法治、公平、正义、安全、环境等美好生活的需要。如果经济发展还停留在外延式和粗放式的"低质量"发展阶段，将导致市域社会治理投入严重不足，增加社会治理的负担，从而形成恶性循环。

二、统筹发展和安全"两件大事",确保二者齐头并进

发展和安全是一体之两翼、驱动之双轮。习近平总书记对于统筹发展和安全"两件大事"反复强调:"我们必须坚持统筹发展和安全,增强机遇意识和风险意识,树立底线思维,把困难估计得更充分一些,把风险思考得更深入一些,注重堵漏洞、强弱项,下好先手棋、打好主动仗,有效防范化解各类风险挑战,确保社会主义现代化事业顺利推进。"① "越是开放越要重视安全,统筹好发展和安全两件大事,增强自身竞争能力、开放监管能力、风险防控能力。"② 面对新发展阶段的新要求,构建"双循环"新发展格局,防范化解各类影响现代化进程的风险挑战,关系到中华民族伟大复兴中国梦宏伟目标的顺利实现。新发展格局下推进市域社会治理现代化具有统筹"两件大事"的重要价值。

(一)完善市域社会治理现代化体系,建立国家安全屏障

安全是发展的前提。国家安全得到保证,才能为发展创造和谐稳定的内外部环境,人民才能集中精力推动国家各项建设事业向前发展。任何一个领域出现安全隐患,都有可能损害群众切身利益,甚至影响到国家根本利益,阻碍新发展格局的构建。面对当今世界百年未有之大变局加速演进,市域社会各种风险隐患明显增多,表现为经济、政治、社会、科技、网络、生态、生物、自然灾害、生产事故等领域系统性风险相互交织、相互作用、相互转化。要建立健全市域社会治理体制机制,比如,加强党的基层组织建设,健全市域社会治理党的领导体制;构建党委领导、党政统筹、简约高效的乡镇(街道)管理体制;完善党建引领的社会参与制度,推进市域社会治理现代化体系。要把安全发展贯穿于各领域和全过程,建设更高水平的平安中国、韧性城市、韧性社区,实现发展质量、结构、规模、速度、效益、安全相统一。

---

① 习近平. 习近平谈治国理政:第4卷[M]. 北京:外文出版社,2022:117.
② 中共中央党史和文献研究院. 十九大以来重要文献选编:中[M]. 北京:中央文献出版社,2021:764.

（二）发挥市域资源要素的发展优势，实现更高水平、更高层次的安全

发展是安全的保障。在全面建设现代化的新征程上，破解市域社会的突出矛盾和问题，防范化解各类风险隐患，归根到底要依靠发展。发展是解决市域一切问题的基础和关键。目前，我国经济已由高速增长阶段转向高质量发展阶段，正处在转变发展方式、优化经济结构、转换增长动力的攻关期，面临许多短板和弱项，需要发挥市域资源要素的发展优势，激发市域社会的创新活力，进一步增强我国经济实力、科技实力、综合国力，全面提高捍卫国家主权、安全、发展利益的能力，实现更高水平、更高层次的安全。

三、促进城乡社会治理一体化，实现区域协调发展

在传统城乡二元结构背景下，社会治理在理念、制度、体制、机制和行为方面都带有一定的"城乡分割"特点。我国市域社会区别于发达国家的一个典型特征是城市问题与乡村问题并存，我国大部分地区仍处于城市化中期，"三农"问题长期存在。以全面建成小康社会为新起点，全面推进乡村振兴，在某种程度上也是要实现城乡统筹发展、均衡发展，实现城乡公共服务的均等化。市域是权责相对完整、区域差距较小的治理单元，推进市域社会治理现代化的价值定位在于发展重点城市、重点区域的同时，日益注重城乡融合、城乡统筹、乡村振兴、区域协调，从而优化城乡社会治理的整体性功能，实现城乡居民基本权益平等化、城乡公共服务均等化、城乡居民收入均衡化、城乡要素配置合理化，以及城乡产业发展融合化；营造稳定和谐的城乡秩序，为乡村全面振兴和城乡共同富裕奠定坚实的治理基础。

四、发挥市域社会治理的枢纽作用，实现治理单元的集成效应

市域社会治理既是相对于国家治理而言的，也是相对于基层社会治理而言的，它是抽象意义的国家治理落实到具体意义的基层社会治理的承接与转换过程。从社会学的视角来看，国家治理与基层社会治理之间必然会产生宏观结构上的普遍性与微观行为上的特殊性的张力与矛盾。因此，市域社会治理是一个多维度的复杂工程，是一种弥合宏观治理结构与微观治理行为的嵌入式与联结式枢纽。它几乎涵盖现代社会运行的所有方面，涉及大都市治

理、中小城市治理、城镇治理、乡镇和乡村治理，涉及国家治理、区域治理、社区治理，涉及政府治理、企业治理，涉及空间治理、生态治理、技术治理、舆论治理、情感治理等，涉及宏观、中观、微观每个领域和层面的组织、群体、个人。市域社会治理在国家治理体系中处于中间枢纽地位，体现治理单元的集成效应，相对于县域和省域具有统筹资源、协调联动的有利条件，将国家治理、基层治理更好地统筹在市域层级，同时通过政治、自治、法治、德治、智治等方式实现多种治理形式的有机融合。市域社会治理现代化的有效推进，可以为各种治理单元搭建一个平台、构建一个集成块，以此提高国家治理的总体效能。

第三节　以新发展理念指引市域社会治理现代化道路

"理念是行动的先导，一定的发展实践都是由一定的发展理念来引领的。"① 2015年10月，党的十八届五中全会提出"贯彻创新、协调、绿色、开放、共享的发展理念"②。习近平总书记指出："这五大发展理念不是凭空得来的，是我们在深刻总结国内外发展经验教训的基础上形成的，也是在深刻分析国内外发展大势的基础上形成的，集中反映了我们党对经济社会发展规律认识的深化，也是针对我国发展中的突出矛盾和问题提出来的。"③ "坚持新发展理念"④ 在党的十九大被纳入中国特色社会主义基本方略，成为习近平新时代中国特色社会主义经济思想的重要内容，2018年被写进宪法，成为"十三五""十四五"规划的灵魂主线和根本遵循。习近平总书记在党的十九届五中全会上指出："不断提高贯彻新发展理念、构建新发展格局能力和水平，为实现高质量发展提供根本保证。"⑤ 2022年3月5日，习近平总书记在参加十三届全国人大五次会议内蒙古代表团审议时明确指出，"贯

---

① 习近平. 习近平谈治国理政：第2卷[M]. 北京：外文出版社，2017：197.
② 中国共产党第十八届中央委员会第五次全体会议公报[M]. 北京：人民出版社，2015：7.
③ 习近平. 习近平谈治国理政：第2卷[M]. 北京：外文出版社，2017：197.
④ 习近平. 决胜全面建成小康社会　夺取新时代中国特色社会主义伟大胜利——在中国共产党第十九次全国代表大会上的报告[M]. 北京：人民出版社，2017：21.
⑤ 中国共产党第十九届中央委员会第五次全体会议公报[M]. 北京：人民出版社，2020：10.

彻新发展理念是新时代我国发展壮大的必由之路"①。新发展理念是指挥棒、红绿灯，是我国新时代发展思路、发展方向、发展着力点的集中体现，是管全局、管根本、管方向、管长远的。破解发展难题，厚植发展优势，必然要先从理念上寻求突破。近年来，以新发展理念指引市域社会治理创新方面取得了显著的阶段性成效，社会治理"低组织化""治理碎片化"、政策空转、低效率等困境逐步化解，治理的整体效能不断提升，创新性、协调性、绿色性、开放性、共享性等特征不断凸显。

一、以创新发展理念引领市域社会治理现代化

创新发展是在总结我国改革开放成功经验的基础上，应对发展环境、增强发展动力、把握发展主动权、引领高质量发展的动力源泉。创新是市域社会治理的根本动力，能使社会治理"活起来"，不至于僵化，失去活力。同时，能够为市域社会治理提供支点，不断推进理论、制度、科技、文化等各方面改革。

（一）破除政府"管理"的惯性思维

党的十八届三中全会之前，我们主要使用的概念是"社会管理"，自党的十八届三中全会通过《中共中央关于全面深化改革若干重大问题的决定》起，我们党开始用"社会治理"②这一概念。从"社会管理"到"社会治理"，虽然是一字之差，但反映了在治理主体、治理理念、治理方式等方面的明显差异，是对改革开放和社会主义现代化建设新时期我们党处理社会问题、解决社会矛盾所取得经验的深刻总结，集中反映了以习近平同志为核心的党中央在我国社会建设方面取得的重要理论与实践成果。从"社会管理"转向"社会治理"已经数年，并逐渐聚焦"市域"，但是传统的"官本位""政府本位""权力本位"惯性思维尚未彻底根除，从理念上仍然制约着市域社会治理现代化的推进。以创新发展理念引领市域社会治理，必须首先破除政府"管理"的惯性思维和常规做法，将创新作为市域社会治理变革的核心，融汇于日常治理和公共服务之中，逐步形成市域社会治理创新的长效机制。

---

① 习近平. 习近平谈治国理政：第4卷 [M]. 北京：外文出版社，2022：34.
② 中共中央关于全面深化改革若干重大问题的决定 [M]. 北京：人民出版社，2013：4.

（二）创新是市域社会治理现代化的关键

创新是贯彻创新发展理念、培育发展新动能、增强内生发展动力的重大举措。践行创新理念，要结合实际情况融入新内容、拓展新手段、开辟新路径。市域社会治理就是对基层社会治理模式的创新，是推进社会治理体系和治理能力现代化的关键环节，是中国式现代化的创新抓手，体现了系统治理、依法治理、源头治理、综合施策。坚持系统治理，充分发挥党委领导作用和政府主导作用，鼓励和支持社会各方积极参与，形成社会治理合力，不断创新和完善市域治理体系；坚持依法治理，加强法制保障，实现社会治理法治化；坚持源头治理，标本兼治、重在治本，实现从事后被动应急处理向事前主动积极预防的转变；坚持综合施策，坚持政治、法治、德治、自治、智治相结合。解决好人民群众最关心、最直接的利益诉求，维护最广大人民的根本利益。

二、以协调发展理念引领市域社会治理现代化

协调发展理念，是在认识和把握协调发展规律的基础上，针对我国发展不平衡的问题，总结中外经济社会发展经验教训提出来的，是对马克思主义人类社会发展规律的深化和具体化，是新时代中国特色社会主义理论的重要组成部分，具有强大的包容性、辩证的平衡性、鲜明的人民主体性等特点，回应了中国特色社会主义现代化建设实践的呼唤，具有重大的理论和现实价值。协调发展理念是指引市域社会治理工作的基本理念，是市域社会治理可持续发展的内在要求，不仅要求市域社会治理内部结构的协调，而且要求市域社会治理与省域治理、县域治理之间联动与协调。

（一）突破单一发展理念的路径依赖

我国仍处于并将长期处于社会主义初级阶段，仍然是世界上最大的发展中国家，发展不平衡不充分问题仍然突出，发展模式相对单一，协调能力还不适应高质量发展要求，经济社会发展不协调的问题凸显，突出表现为社会事业发展、基层社会治理和公共安全等领域存在诸多薄弱环节，市域社会治理面临历史遗留下来的短板问题。推动市域社会治理走向现代化，必须改变单一发展偏好，注重补强薄弱环节和解决突出问题，综合处理好各方面关系，增强发展的整体性，实现整体功能最大化，推动社会治理领域各项事业

的全面发展、平衡发展和综合发展。

（二）协调是市域社会治理现代化的重要方面

树立协调发展理念，坚持协调发展。协调就是统筹兼顾、注重平衡、保持均势，把分散的部分系统化，把发散的局部功能整体化，把薄弱区域、薄弱领域、薄弱环节补起来，形成平衡发展结构，增强发展后劲。将协调发展理念贯穿于市域社会治理的各方面和全过程，补短板、强整体、破制约，增强发展的平衡性、包容性、可持续性，促进各区域各领域各方面协同配合、均衡一体发展，为实现"两个一百年"奋斗目标和中华民族伟大复兴的中国梦奠定基础。

市域社会治理的协调发展强调把市域看作一个以不同量级的城市、城镇为节点的有机系统，坚持系统发展、辩证发展和整体发展，着力统筹城市内部、城市之间、城乡之间、物质文明与精神文明之间等协调发展，促进新型工业化、信息化、城镇化、农业现代化、绿色化同步发展，在增强国家硬实力的同时提升国家软实力，不断增强发展的整体效能。由于我国长期存在城乡二元结构，城乡居民在公共服务、家庭财产、隐性权利等方面仍存在较大差距，这就需要健全城乡发展一体化体制机制，坚持工业反哺农业、城市支持农村，推进城乡要素平等交换、合理配置和基本公共服务均等化，努力实现区域整体平衡发展，着力提升社会治理与社会发展的能力和水平。

推进市域社会治理体系和治理能力现代化，必须依靠多元治理主体的共同介入。而多元治理主体的共同介入，必然要求正确协调好多元主体之间的关系，形成治理合力。在市域社会治理中，政府、市场与社会等各个治理主体之间是"主体间性"的关系。这种关系不是把自我看作原子式的个体，而是看作与其他主体的共在，是以规范为基础形成的相互理解、相互作用的"主体—主体"的交往结构。主体间是一种相互认同、相互承认、相互依存又相互影响的平等关系，没有主客体之间的对立。[①] 因此，要确定政府主体的责任边界，充分发挥市场主体的整合功能，积极调动社会主体的参与热情，着力架设政府、市场、社会主体之间的沟通桥梁，增强市域社会治理主体的协调性。

[①] 陈成文，陈静，陈建平. 市域社会治理现代化：理论建构与实践路径［J］. 江苏社会科学，2020（1）：47.

三、以绿色发展理念引领市域社会治理现代化

"绿水青山就是金山银山"[①],绿色发展指向可持续化,注重资源节约与环境保护,解决人与自然和谐共生问题。绿色发展是市域社会治理可持续发展的深层取向和重要依托,为市域社会治理发展提供重要遵循,是实现现代化跨越式发展的基本前提,更是人民对美好生活向往的重要体现。

(一)绿色发展与人民的幸福感、获得感和安全感息息相关

经济高速增长的同时,也积累了一系列深层次矛盾和问题,其中一个突出的矛盾和问题就是人与自然的关系。对于人与自然的辩证关系,恩格斯认为,我们连同我们的肉、血和头脑都是属于自然界和存在于自然之中的,"我们越来越有可能学会认识并从而控制那些至少是由我们的最常见的生产行为所造成的较远的自然后果。而这种事情发生得越多,人们就越是不仅再次地感觉到,而且也认识到自身和自然界的一体性,那种关于精神和物质、人类和自然、灵魂和肉体之间的对立的荒谬的、反自然的观点,也就越不可能成立了……"[②] 推动绿色发展,促进人与自然和谐共生,不仅仅是生态环境发展的目标,更是关系到人与自然的和谐共生问题,与人民的幸福感、获得感甚至安全感息息相关。"十三五"期间,绿色发展被写入国家的五年规划,污染防治力度加大,资源利用效率显著提升,生态环境明显改善。进入新发展阶段,"十四五"规划纲要再次强调了绿色发展在我国现代化建设全局中的战略地位。绿色发展理念内生于国家治理现代化的深刻时代需要,对于推进绿色经济社会建设和实现国家治理能力现代化具有重大理论和实践意义。

近年来,由担心环境污染而引发的邻避事件呈上升趋势,不仅发生在城市,农村也有出现,不仅大城市存在,小城市也不能幸免,给社会和谐稳定带来了严重威胁。邻避事件不仅仅是环境问题,更涉及市域社会治理问题,成为市域社会治理的难点堵点。一方面,一些地方政府部门因担心公众不理解、不合作,出现影响稳定的群体性事件,所以选择不公开或者少公开信

---

① 习近平. 习近平谈治国理政:第 2 卷 [M]. 北京:外文出版社,2017:544.
② 中共中央马克思恩格斯列宁斯大林著作编译局. 马克思恩格斯选集:第 3 卷 [M]. 北京:人民出版社,2012:998-999.

息,使公民获取信息的门槛高、利益表达渠道窄、地方政府回应诉求滞缓,导致小事拖大、大事拖炸。另一方面,部分群众相对来说缺乏必要的民主协商和理性博弈能力,不愿听取也不相信政府相关部门和项目承建企业关于环境风险的解释,双方缺乏信任、回避沟通。当前,群众对社会公平正义、民主科学决策、权利利益诉求表达强烈,如何化解邻避困境成为市域社会治理的难题。要大力培育发展社会组织,使社会组织引导群众理性合法表达利益诉求,把矛盾化解在萌芽状态。特别是在邻避冲突中,要动员社会组织约束或劝阻群众,最大限度减少事件的参与人数和越轨行为。

(二)绿色是市域社会治理现代化的重要内涵

马克思主义认为,生态权益是人在与自然界发生关系的过程中的基本权利以及行使这些权利所带来的各种利益,如占有、利用以及享受。这是人的自由而全面发展的重要内容,也是马克思主义的真谛。市域社会治理现代化是经济、政治、文化、社会、生态现代化的综合现代化。从既往追赶型、跨越式的现代化模式对效率、秩序的高度强调转向更多关注效率与公平的均衡实现,是新时代市域社会治理的新使命,是从效率范式向正义范式的新努力,是满足人民日益增长的优美生态环境需要。习近平总书记强调,"要坚持生态惠民、生态利民、生态为民"[①]。绿色发展理念,本质上是以人为本、以人民"绿色"需求与民生为先。通过绿色发展提供更多高质量的绿色公共产品,更全面充分地保障和发展民众的环境权益,这是对美好生活的可持续保障。从根本上讲,绿色发展理念坚持生态惠民、生态利民、生态为民,是实现人民利益最大化的人民治理,即绿色发展为了人民、依靠人民,发展成果由人民共享。习近平总书记指出,"人与自然是生命共同体"[②]。要解决好人与自然和谐共生问题。共生的基础是共识、共情、共行,必须尊重自然、顺应自然、保护自然,让良好的生态环境成为人民高品质生活的重要增长点,不断提升人民群众的生态环境幸福指数。

四、以开放发展理念引领市域社会治理现代化

开放发展理念就是深度融入世界经济,积极参与全球治理,解决发展内

---

① 习近平. 习近平谈治国理政:第3卷[M]. 北京:外文出版社,2020:362.
② 习近平. 习近平谈治国理政:第4卷[M]. 北京:外文出版社,2022:355.

外联动的问题,体现广泛的合作场域,基于共同的行动目标,多元主体分工协作共同参与市域社会治理。中国和世界历史充分表明,开放带来进步,封闭导致落后。坚持开放发展理念,发展更高层次的开放型经济,既是实现更加开放的国际国内双循环的目标要求,更为市域社会治理现代化提供了重要的指引。

(一)市域社会治理能够更多地释放开放的正面效应

马克思在"世界历史"和"对外贸易与国际价值"理论之中,阐述了丰富的对外开放思想:"由于开拓了世界市场,使一切国家的生产和消费都成为世界性的了。……过去那种地方的和民族的自给自足和闭关自守状态,被各民族的各方面的互相往来和各方面的互相依赖所代替了。"① 习近平总书记在党的十九大报告中也指出:"只有社会主义才能救中国,只有改革开放才能发展中国、发展社会主义、发展马克思主义。"② "开放带来进步,封闭必然落后。中国开放的大门不会关闭,只会越开越大。"③ 实现国家治理体系和治理能力现代化必须依靠开放。经济全球化是不可阻挡的历史潮流,为世界经济增长提供了强劲动力,建立富强、民主、文明、和谐、美丽的新中国,必须靠逐步地对内和对外开放来实现,从而构建国际政治经济新秩序,促进各国合作共赢、共同发展。

开放是世界文明发展的最基本方向,是现代文明社会的最基本特征,是解决传统中国落后局面和实现国家繁荣富强的根本出路,是实现我国国家和社会治理现代化的必由之路。市域社会必须独立自主、实事求是、试点推广、渐进有序、统筹互促,同时,也要处理好国内和国外、集权和分权、城市和农村、经济和政治等关系,使开放的正面效应更多地被释放出来,实现经济富强、政治民主、文化繁荣、社会和谐、生态美丽、人民幸福。同时,随着大规模的人员、资本、资源、信息的跨国流动,各种风险挑战交织、叠加,甚至连锁联动,可能引发全局性、系统性风险。例如,全球金融危机,"非典"、新型冠状病毒感染等重大传染病,恐怖主义、极端天气、网络安全

---

① 中共中央马克思恩格斯列宁斯大林著作编译局. 马克思恩格斯选集:第 1 卷 [M]. 北京:人民出版社,2012:404.

② 习近平. 决胜全面建成小康社会 夺取新时代中国特色社会主义伟大胜利——在中国共产党第十九次全国代表大会上的报告 [M]. 北京:人民出版社,2017:21.

③ 习近平. 决胜全面建成小康社会 夺取新时代中国特色社会主义伟大胜利——在中国共产党第十九次全国代表大会上的报告 [M]. 北京:人民出版社,2017:34.

等，极易在市域空间聚集、升级和暴发，甚至成为全国性乃至全球性危机。市域社会治理要适应开放性带来的挑战，以强大的韧性，学会与风险共存，最大化消解其负面影响和风险冲击。

（二）开放是市域社会治理现代化的指引

市域空间是一个系统整体，要正确处理经济开放、政治开放等多方面的关系，把握整体观、系统观、大局观，整体协调和统筹，形成全方位、多层次、宽领域的全面开放新格局。

一是注重学习国外社会治理经验。要处理好自主创新和向国外学习交流的关系，立足我国历史传承、文化传统、经济社会发展水平，按照"求同存异""和而不同"的原则，学习借鉴国际社会治理中一些成功的做法和经验，比如多元参与与合作共治、以人为本与标本兼治、依法治理与刚柔并济、预防为先与动态治理等，以构建中国特色现代市域社会治理体系，促进我国市域社会治理创新和社会文明进步。与此同时，实现市域社会治理经验从本土化到国际化的过渡，为全球治理贡献中国的"市域"经验和智慧，进一步打造人类命运共同体。

二是将市域社会治理放在国家治理这一大棋局中加以谋划。市域社会治理是一项综合性的系统工程，必须强化系统思维，注重从整体和大局出发，将市域社会治理放在国家治理大背景中加以谋划，同时注重同省域治理和县域治理相互配合、同向发力，真正形成市域社会治理的集成效应。开放性是系统观念的鲜明特征，体现开放发展理念，坚持系统性引领开放观念，提高统筹谋划能力，推进市域社会治理这项综合性的系统工程。

三是实现市域范围内多元社会主体的开放共治。市域社会治理的直接目标是化解市域社会矛盾、解决市域社会问题。这些矛盾和问题表现出前所未有的开放性和复杂性，单靠政府、市场、社会组织任何一方都无法有效应对，必须依靠政府与社会共同治理。多元合作共治是一个法治和自治相互融合的开放系统，是市域社会治理体系和治理能力现代化非常重要的方面。

五、以共享发展理念引领市域社会治理现代化

共享发展理念是党的十八大以来，习近平总书记从我国当前所处的社会主义初级阶段这个基本国情和最大实际出发，针对我国社会发展中的突出矛盾提出来的。共享发展理念着力增进人民福祉，增强人民获得感，解决社会

公平正义问题,体现了市域社会治理的包容性、公正性、均衡性。市域社会治理的成果,最终的判断标准是人民是否共同享受到了治理的成果。因此,市域社会治理归根结底是增进人民福祉,实现公平正义,保障人民群众的合法权益,让全体人民共同享受发展和治理的成果,这是市域社会治理的理想状态,体现了中国共产党全心全意为人民服务的宗旨。

(一)共享发展理念弥补了传统增长型发展的不足

共享发展理念是马克思主义中国化的最新理论成果,是中国共产党设计社会治理蓝图的创新理论。近现代以来,追求公正、关注民生贯穿马克思主义中国化的整个理论体系,比如,新中国成立初期的"一化三改",改革开放以来的"效率优先,兼顾公平"等。党的十七大报告提出"发展成果由人民共享"[1],党的十八届五中全会提出"共享的发展理念"[2],党的十九大报告强调,"打造共建共治共享的社会治理格局"[3]。从横向比较来看,共享发展理念吸取了其他社会主义国家兴衰成败的历史教训,比如苏联和东欧犯了冒进错误,各种经济产业发展比例严重失调,最终导致苏联解体和东欧剧变。共享发展理念的提出旨在解决财富分配不平等的问题,让经济发展成果惠及广大人民群众,避免"中等收入陷阱"的发生。之前竞争型经济发展战略由于过度关注增长的速度,忽视价值理性的嵌入,出现了收入分配、教育、医疗等领域的不公平现象,教育资源在城乡、不同区域以及不同人群之间分配不均衡,城市的教育资源明显优于农村,东部沿海地区的教育资源明显优于西部地区,高收入人群的教育资源明显优于低收入人群。优质医疗资源集中在东部沿海城市和省市级行政区域,"看病难"问题还未从根本上破解,医患关系紧张的顽疾难以治理,体现的正是公平正义价值的缺位。共享发展理念就是要打破既定的利益格局,保障发展成果的有序流动,实现公共服务供给配置的均等化。

---

[1] 胡锦涛. 高举中国特色社会主义伟大旗帜 为夺取全面建设小康社会新胜利而奋斗——在中国共产党第十七次全国代表大会上的报告[M]. 北京:人民出版社,2007:15.
[2] 中国共产党第十八届中央委员会第五次全体会议公报[M]. 北京:人民出版社,2015:7.
[3] 习近平. 决胜全面建成小康社会 夺取新时代中国特色社会主义伟大胜利——在中国共产党第十九次全国代表大会上的报告[M]. 北京:人民出版社,2017:49.

（二）共享是市域社会治理现代化的归宿

党的十八届五中全会提出"五大发展理念"①，并将共享发展作为最终归宿，丰富和发展了马克思主义发展观。现代化发展最根本的是人的发展，以往的发展聚焦于发展动力、思路以及布局的一般问题上，忽视了发展的主体要素。共享发展理念从主体性的层面促使政府转变治理理念，将改善民生作为一切工作的出发点和归宿，以提升人的生活质量为发展核心。

一是市域社会治理现代化是为了实现人的现代化。马克思指出："过去的一切运动都是少数人的，或者为少数人谋利益的运动。无产阶级的运动是绝大多数人的，为绝大多数人谋利益的独立的运动。"② 人民群众是推动社会进步的主体力量。共享发展是一种行动逻辑，市域社会治理现代化最终是为了实现人的现代化，凝结了人民对美好生活的憧憬，坚持以人民为中心是贯彻共享发展理念的首要原则。政府应当树立以人为本的治理理念，增强发展成果的辐射能力，将发展的成果惠及全体民众。针对多元的利益诉求和差异性的群体境况，共享发展理念契合了民生保障和改善的普惠性伦理，特别重视困难地区和困难群众的生产生活。

我国全面打赢脱贫攻坚战、全面建成小康社会、巩固拓展脱贫攻坚成果同乡村振兴有效衔接、扎实推动共同富裕等新时代中国特色社会主义发展的重大实践，都离不开共享发展理念的指导。这一科学理念为实现经济社会高质量发展提出了目标要求和行动准则，也为实现第二个百年奋斗目标和中华民族伟大复兴凝聚了深厚的思想伟力。以打赢脱贫攻坚战为例，党的十八大以来，到 2020 年底，中国如期完成新时代脱贫攻坚目标任务，现行标准下 9899 万农村贫困人口全部脱贫，832 个贫困县全部摘帽，12.8 万个贫困村全部出列。③ 占世界人口近 1/5 的中国全面消除绝对贫困，提前 10 年实现《联合国 2030 年可持续发展议程》减贫目标，这不仅是中华民族发展史上具有里程碑意义的大事件，也是人类减贫史乃至人类发展史上的大事件，为全球减贫事业发展和人类发展进步做出了重大贡献。发展成果由人民共享，就

---

① 中国共产党第十八届中央委员会第五次全体会议公报 [M]. 北京：人民出版社，2015：24.

② 中共中央马克思恩格斯列宁斯大林著作编译局. 马克思恩格斯选集：第 1 卷 [M]. 北京：人民出版社，2012：411.

③ 国家统计局. 脱贫攻坚战取得全面胜利　脱贫地区农民生活持续改善——党的十八大以来经济社会发展成就系列报告之二十[EB/OL]. （2022－10－11）[2023－10－23]. http://www.stats.gov.cn/sj/sjjd/202302/t20230202_1896696.html.

要顺应人民对美好生活的向往，不断实现好、维护好、发展好最广大人民群众的根本利益。通过全面打赢脱贫攻坚战，实现巩固拓展脱贫攻坚成果同乡村振兴有效衔接，让人民群众得到更多看得见、摸得着的实惠。同时，把人民是否共同享受到改革发展成果作为衡量标准，确保全面建成小康社会，一个都不能少，使全体人民朝着共同富裕目标扎实迈进。

中国的减贫实践充分表明，市域社会治理在共享发展理念指导下，聚焦实现共同富裕的目标，坚持人民主体地位，坚持公平正义原则，保证人人享有平等参与、平等发展的机会和权利，顺应人民对美好生活的向往，打赢脱贫攻坚战，实现全面建成小康社会，在发展中不断实现好、维护好、发展好最广大人民的根本利益，切实做到发展为了人民、发展依靠人民、发展成果由人民共享。

二是市域社会治理现代化是为了捍卫人民的权利与尊严。人的权利与尊严是人权本质的核心要素，维护人民的权利和尊严，是新发展理念的本质要求。历史一再证明，什么时候维护好最广大人民群众的权利和尊严，我们的事业就会兴旺发达；反之，就会遭受挫折。美国社会心理学家亚伯拉罕·H. 马斯洛（Abraham H. Maslow）的"需求层次"理论表明，尊重的需求属于高层次需求，仅次于自我实现的需求。全面建成小康社会之后，大部分群众已经能够维持个体生存的基本需求，需要寻求更高层次的需求满足，而弱势群体对于尊严的需求尤为强烈。现代社会结构呈现加速分化趋势，低收入群体掌握的社会资源有限，在收入、住房、教育、医疗等方面面临巨大压力，生存权和发展权存在弱化倾向，特别容易产生挫败感和相对剥夺感，捍卫尊严的无力感加剧。

共享发展新理念的实践要求，就是要把亿万人民群众的权利和尊严的实现程度作为检验我们工作的"晴雨表"，切实按人民群众的需求行事，经常听取人民群众对我们工作的评价，了解他们赞成什么、期盼什么、反对什么，找准我们工作的切入点、着力点和落脚点，使各项工作始终经得起实践、历史和人民的检验。立足于新发展格局，加强和创新市域社会治理，要将公平、正义、尊严、自我实现等价值理念嵌入制度变革之中，通过不断推动高质量发展，畅通利益诉求渠道，确保市域社会既生机勃勃又井然有序。

第四章 市域社会治理现代化的载体

市域社会治理本身就是一项复杂的系统工程,需要提高统筹谋划能力,科学把握市域社会治理规律特点,立足市域承上启下的中观定位,创新治理思路、明确政策导向、明晰方法路径。党委、政府、社会组织、公众等社会治理共同体,虽权责明确、各司其职,但在实践过程中只有相互配合、同向发力,才能实现彼此间的良性互动,为国家治理体系和治理能力现代化的有序推进提供强有力的支撑。

第一节 提升党建的引领作用

提升党建的引领作用是市域社会治理现代化的基础,把党建引领社会治理作为推进市域社会治理现代化的一根"红线",把党的政治优势、组织优势、思想引领优势和群众工作优势转化为推动社会治理的强大效能。推进市域社会治理体系和治理能力现代化关键是坚持党对一切工作的领导,确保党始终总揽全局、协调各方。随着党建在社会治理创新中的引领作用不断拓展,党的组织网络成为社会治理中链接体制内外和不同治理主体的新平台。①

一、党建引领推动市域社会治理共同体建设

随着中国社会从计划经济体制向市场经济体制转型,社会成员从原来高度整合的单位中不断被分化出来,导致从"单位人"到"社会人"的转变;

---

① 李友梅. 中国社会治理的新内涵与新作为 [J]. 社会学研究,2017(6):29.

同时随着中国从农业社会向工业社会的转型,带来了人类历史上最大规模的城镇化进程,导致从传统的"熟人社会"到"陌生人社会"的转变。党组织面临基层社会再组织的新挑战:新的社会阶层、社会组织不断涌现,党的工作不及时跟进,就会成为"治理真空";传统体制下管理主体、服务供给、资源配置趋于碎片化,对各级党组织统筹整合力量资源提出了更高要求;有的基层党组织对社会组织和群众的政治引领等功能发挥不充分,群众参与基层治理的积极性不高。

如果为了激发社会活力,过快向社会领域释放部分权力可能引发一些不确定的风险,但为了规避风险而不向社会领域让渡权力,又很难激发社会力量参与市域社会治理的积极性。概而言之,我国的社会治理体系不仅强调程序与规则,且对治理效能极为关注,始终把实现人民幸福作为首要追求,把满足人民需求作为首要目的,把维护人民利益作为首要任务,从战略高度强调秩序与活力的有机结合。这就需要治理体系在充分发挥不同主体优势的同时,尽可能地控制他们之间的矛盾与冲突,这对国家调节能力提出了更高要求。当国家以调节不同主体间权力关系的方式来促成不同治理机制合作时,就需面对更复杂的权力"收放"两难抉择问题。

面对市域社会治理的新形势、新挑战,党建引领逐渐成为化解上述两难抉择的根本途径。党建引领可以将基层党组织的组织优势、政治优势转化为治理效能,充分体现其在整合多元治理主体关系上独特的制度优势与组织优势。一方面党建制度为社会组织发展提供了新空间;另一方面也实现了政党统合,以柔性机制化解了社会力量发展中的秩序与活力兼容问题。全国各地在创新市域社会治理实践中,不断挖掘中国共产党独特而强大的组织优势,以党建引领方式推动社会治理共同体建设。

二、党建引领市域社会治理的方法与成效

中国共产党的领导是中国特色社会主义最本质的特征,是中国特色社会主义制度的最大优势。面对城市人口结构多元、利益主体多样的实际,只有坚持党的领导,才能统筹协调不同部门、行业、群体之间的利益关系。这就要求基层党组织充分发挥总揽全局、协调各方的领导核心作用,突出政治引领,将辖区内党政机关、企事业单位、非公经济组织、社会组织等有效整合起来,最大限度地调动各种力量和资源共同参与社会治理,全面提高基层党组织的凝聚力、号召力和战斗力。

（一）党建引领市域社会治理的方法

所谓坚持党建引领，是指推进市域社会治理现代化必须充分发挥基层党组织的方向掌舵和凝心聚力作用。党组织之所以处于整个市域社会治理体系的中心环节并在其中发挥领导者作用，是由其利益表达、利益综合、联系民众并引导其参与等基本功能决定的。党组织的这些基本功能表明，必须推进党建与市域社会治理深度融合，具体方法包括以下三个方面。

一是以党建引领"五治融合"的全过程。坚持"一核五治"运行机制，构建以党组织为核心、以共治为重要方式、以自治为基础、以德治为根本、以法治为保障、以智治为支撑的新型市域治理机制。充分发挥党委的政治引领作用，把党总揽全局、协调各方的政治优势同政府整合资源、社会组织服务、企业市场竞争有机结合起来，形成工作联动、城乡联治、平安联创的一体化机制。同时，牢牢把握政治安全，抓住党建引领社会治理的关键要素，明确各层级治理职能，有效发挥各级党委和政府的职能作用，形成市级统筹协调组织实施、乡镇强基固本的市域社会治理链条。发挥基层党组织的战斗堡垒作用，用基层党建紧密联系中心工作创新社会治理。始终坚持以人民为中心的理念，紧紧抓住群众生活中的痛点难点堵点，时刻了解群众所想所盼所需，确保党的方针政策始终体现群众诉求并贯彻落实到社会治理的全过程。

二是强化机制引领。创新基层党建与社会治理深度融合的体制机制，完善以基层党组织为枢纽、各类组织力量有机耦合的组织体系，以党建"绣花针"穿起基层治理服务"千条线"，打通基层治理经脉。中央政法委和各级党委政法委要发挥牵头抓总、统筹协调作用，推动完善部门联动、协作配合的工作机制，将分散在多个部门的职能统筹起来，激活人、财、物等资源，进行更加科学化的谋篇布局，压实各方责任，健全党建引领下多方参与的共治机制，打造基层社会治理共同体。

三是推进共治与自治的有效衔接。共治强调社会治理不再完全依附于政府，治理主体由单一向多元转变，是互惠基础上的合作，即借助科层制、市场机制、组织间网络、自组织制等混合机制，通过共商、共议、共决等民主协商方式，达到各方利益的平衡和效果的最优化。自治指居民以自我教育、自我约束为手段，自主管理和自我服务，提高社区居民的生活质量和提高整个社会文明程度。共治与自治的有效衔接，需要建立党建工作网络，使社区成为供给公共服务、激发社会活力的新载体，以此来实现共治向下沉淀、自治向上拓展。同时，还要健全基层党组织领导的居民自治机制，搭建以居民议事会为主体的多方议事协商平台，推动社区事务共商共议共管。深化法治建设，建立社区法律顾问制度，推动居民循法而行、社区依法而治。强化社会主义核心价值观"以文化人"的德治支撑作用，将地区文化融入社区发展和居民生活场景，引领新时代文明实践新风尚养成。

（二）党建引领市域社会治理的成效

党组织在社会治理布局中始终处于核心地位，发挥着强有力的作用和巨大的治理优势。推进市域社会治理，要牢牢抓住党建引领这个根本，不断强化基层党组织的政治功能，推动党的组织和工作在市域范围的薄弱环节全覆盖，构建起区域统筹、条块协同、上下联动的基层治理工作机制，使各方参与社会治理的动力更足、能力更强，以"共建共治共享"拓展社会发展新局面，进而以高质量党建引领基层治理现代化。具体成效主要集中在价值引领、人才引领和专业引领三个方面。

在价值引领方面。强化党建的价值引领功能，以社会主义核心价值观引领市域社会治理的正确导向，从而凝聚社会共识。如一些城市在党组织引领下倡导居民成立社区社会组织，发挥其提供社区服务、扩大居民参与、培育社区文化、促进社区和谐等方面的积极作用，开展"邻里守望"系列社区志愿服务活动、"共建共治共享"系列社区协商活动、"共创平安"系列社区治理活动、"文化铸魂"系列精神文明创建活动等增进彼此的联系。还有一些示范城市利用新媒体和互联网思维，打造强调奉献精神和公益理念的"社区荣誉集结榜"，吸引社区内不同群体为基层治理中的感动社区人物投票，形成社区认同的价值取向。

在人才引领方面。一是搭建社区工作者职业体系，建设高素质的治理工作团队。建立与岗位等级和绩效考评挂钩的动态薪资报酬体系，同时设置学历、资历、业绩、岗位等多维度的指标评价制度，建立多层次薪酬激励标准，以充分体现社区工作者的专业价值；加大从社区工作者中招录事业编制人员力度，通过竞争性选拔等手段把工作能力突出的社区党组织书记推荐到街道（镇）等领导岗位，拓宽社区工作者的升职空间，激发其工作热情与动力。二是发挥先进典型的示范与推动效应。围绕城乡社区工作者的培育发展、能力提升、作用发挥等方面，通过网络、报刊等进行广泛宣传，采取召开会议、网上平台沟通等方式促进工作交流。积极提炼形成可推广、可复制的经验做法，通过典型总结、案例分析、理论研究等方式，完善城乡社区工作者发展思路和政策措施。

在专业引领方面。习近平总书记在党的十九大报告中强调要提高社会治理"专业化水平"[①]，对于打造"共建共治共享"的社会治理格局具有重要的指导意义。随着社会进入信息时代，人类面临的问题越来越复杂、越来越专业，必须通过专业化分工，让专业人才解决专业问题。分工产生效能，专业化是社会分工的产物，是社会进步的标志，是提高社会治理水平的必然要求。如设施维修、预测预警、风险防控、应急处理、教育感化、心理疏导、政策引导等问题，都需要大量的专业知识，因此，政府要通过扶持专业化机构的方式，提升治理工作者的素质能力、专业技能、学历层次。

三、党建引领市域社会治理的深化机制

新时代，党建引领市域社会治理创新的内涵和外延不断拓展，社会治理需要始终坚持党的全面领导，坚持党建引领，协调各方，凝聚合力，久久为功，实现"共建共治共享"，不断推动基层治理体系和治理能力现代化行稳致远。因此，全国各地以党建引领为"定心丸"，因地制宜探索符合自身实际的治理路径，构建"共建共治共享"社会治理新格局。

首先是政府与社会关系的重塑。党的十九大报告提出要"打造共建共治共享的社会治理格局。加强社会治理制度建设，完善党委领导、政府负责、社会协同、公众参与、法治保障的社会治理体制，提高社会治理社会化、法治化、智能化、专业化水平"[②]。这是我国政府与社会关系变革与重塑的必然要求，党建引领在其中发挥了重要作用，尤其是"区域化党建"等制度创新在跨部门资源整合中搭建起重要机制平台。简而言之，即以党的组织网络和政治整合力有效解决因强调政府部门专业分工而出现的协同难题，进一步厘清政府和市场、政府和社会的关系，形成新型的社会治理结构。

其次是个体"再嵌入"与公共性再生产。公共性再生产离不开两个相辅相成的历史进程：一是政府对社会领域的有序赋权，从而激发公众对公共问题的深切关注；二是社会形成良性、有序的自我协调与自我组织能力。唯有如此，社会的主体性才能有序生发，个体超越自身狭隘利益关注公共生活才

---

① 习近平. 决胜全面建成小康社会 夺取新时代中国特色社会主义伟大胜利——在中国共产党第十九次全国代表大会上的报告 [M]. 北京：人民出版社，2017：49.
② 习近平. 决胜全面建成小康社会 夺取新时代中国特色社会主义伟大胜利——在中国共产党第十九次全国代表大会上的报告 [M]. 北京：人民出版社，2017：49.

具有稳定的社会基础。市域社会治理创新以"党建"为统领,搭建个体参与公共事务的平台,打通了个体向社会"再嵌入"的渠道,实现了社会协同与公共参与,同时党建引领作为重要的"把关"机制,使社会形成良性互动、稳定有序的自我协调机制。

最后是社会治理共同体的构建。党建引领为当代中国社会公共性的有序形成提供制度保障和"安全阀"机制。现代社会公共性的形成往往与公共物品配置密切关联,只有当公众参与治理的活动能在一定程度上改变公共物品配置状况时,他们对公共生活的感受度才会不断提升,公众成为治理共同体成员的主动性和积极性才能得到保证。近年来,我国一直探索党建引领社区自治、共治的制度安排,吸纳社区居民和利益相关方参与区域公共资源配置的共治与协商活动,有效推动了城市社会公共性的形成。社会治理共同体能否形成,取决于公众在参与公共事务治理时能否形成共识进而对治理活动高度认同。党建引领可以为此提供可靠支持:一方面,党建的组织网络为不同主体表达利益诉求并相互交换意见提供了组织载体,这种制度化的交流与互动为形成共识提供了必要基础;另一方面,党建工作蕴含的政治引领、价值引领机制,为公众参与正能量的形成提供了重要支撑,从而确保共识在积极与正向的维度中形成。此外,近年来各地还不断深化探索党建引领民主协商的新机制,比如,蕴党建引领于专业化的服务与支持中,推动公众在物业管理、业委会自治等领域更有效达成共识。这些做法都为社会治理共同体的构建提供了重要的价值与观念支持。

理论研究和实践探索都表明,我国市域层级的党建在社会治理过程中正发挥着越来越重要的作用。基层创新中涌现的"联合党建"与社区治理的复合制结构在党建与治理两个方面均取得了突出的成效,既能够保证基层党组织的领导核心作用,又能发挥党员先锋模范作用,整合社会资源、推动社会参与。在治理过程中,推动党建引领市场、社会、公民等主体协同协作、良性互动,形成保障社会和谐稳定的合力。党的十八大以来,以习近平同志为核心的党中央高度重视慈善事业在加强基层治理体系和治理能力现代化建设中的作用。慈善事业是推进基层社会治理的重要力量,要加强基层治理体系和治理能力现代化建设,必须以习近平总书记关于慈善事业的重要论述为指导,以党建为引领推进社会慈善资源融入基层社会治理。

坚持政府主导,合理界定和划分不同层级政府以及政府内部各部门之间的职责和权力。适当地去属地化管理,行政事务交还各部门负责。确实需要下放的权力,要因地制宜、分类指导,向基层放权赋能,使市域有职有权有物，激发市域社会治理的活力、创造力，持续提升市域抓落实、推改革、促发展的能力和水平，不断把我国制度优势更好转化为国家治理效能。比如，街道作为治理政府，要与居委会的职责区分开来。凡是街道做能发挥更好效应的工作，不能要求居委会承担；居委会不能完全成为基层政府的下属执行机构，其主要职责是深入社区调研，统计各小区积极分子，建立大痛点向上反馈、中痛点外部力量介入、小痛点居民自我解决的分层处理机制。放权不是"一放不管"，赋能更要"精准发力"。只有继续深化市域社会治理改革，不断优化放权赋能的内容、质量和工作方法，让市域的权力与能力相互匹配、赋能与强基同向发力，市域社会治理才能更加科学有效。

在党建引领、政府负责的基础上，还要坚持社会协同。从实际出发，准确把握社会公共服务需求，充分发挥政府主导作用，完善政府购买服务机制，通过发挥市场机制作用，把政府直接提供的一部分公共服务事项以及政府履职所需服务事项，按照一定的方式和程序，交由具备条件的社会力量和事业单位承担，并由政府根据合同约定向其支付费用。增强社会组织平等参与承接政府购买公共服务的能力，有序引导社会力量参与服务供给，形成改善公共服务的合力。群团组织是参与社会治理的特殊主体，政治性、先进性、群众性是群团组织的根本属性，组织动员、教育引领、服务联系是群团组织的基本工作方法。要持续深化群团改革，不断完善党建带群建机制，通过政治引领、服务引导，更好承担团结带领广大群众参与市域社会治理的功能。创新市域社会治理的一个重要主体是公众，他们的有效参与才能更好地实现人民对于美好生活需求的向往。在治理体系中，要坚持居民的主体地位，使其有渠道参与关系自身的治理活动，能平等、有效地表达自身的利益诉求。

第二节　发挥社会组织的协同纽带作用

社会组织作为多元参与市域社会治理的主体之一，具有民间性、非营利性、灵活性、便利性等特点。社会组织量大面广，分布在各个领域，团结凝聚着众多群众，是党和政府联系服务群众的桥梁和纽带，兼具互益性、公益性，与基层政府提供公共服务的目标相一致，在推动政府科学决策、完善公共服务、化解社会矛盾以及实现公民自治方面都发挥着重要作用。社会组织是市域社会治理的重要参与者和实践者，是坚持和完善"共建共治共享"社会治理制度的重要力量和载体，在推进市域社会治理现代化进程中要重视发挥社会组织的作用。

一、社会组织参与是推进市域社会治理现代化的必然要求

改革开放以来，我国经历了一个高速发展阶段，群体和群体之间的矛盾越发增多，生活和工作的快节奏和高压力又引发了一些负面的影响，不利于社会的和谐稳定。健康稳定的社会风气对社会公共事务具有促进作用，消极不良的社会风气对社会公共事务具有阻碍作用。社会组织能整合当地的社会资源，从处理微小的邻里矛盾扩展到处理社会问题。

在推进市域社会治理的现代化进程中，宏观环境的深刻变化使社会治理的环境越来越复杂，仅靠单一主体行政命令的方式已经行不通了，必须重视不同主体之间的功能融合，实现不同主体之间关系与功能的优化。社会组织参与市域社会治理能够推动治理重心下沉、提升专业服务能力、降低治理成本。

根据中国的行政法规，社会组织划分为社会团体（如各类行业协会商会等）、基金会（如河仁基金会、阿里巴巴公益基金会等）和民办非企业单位（如社工服务机构等）3种类型。全国在民政部门登记的社会组织超过90万个，在帮教、社会救助、特殊人群服务、社会工作等社会治理领域，成为不可或缺的力量。

完善党委领导、政府负责、社会协同、公众参与的体制，其中就要求拓宽社会组织的发展空间，增强市域社会治理聚合力。从治理层级看，市域社会在行政体系中处于中端位置，其覆盖范围包括市管辖全部城市、城郊和农村，在整个社会治理中发挥着承上启下的枢纽作用，其社会结构多元、治理对象多样、治理问题复杂，需要社会组织参与。从治理实践看，经济社会发展的新情况新问题往往最先在市域显现，直接灵敏地对接基层群众的所需所盼，防止矛盾风险向上传导、向外溢出。从治理资源看，市域具有自主探索政策创新的空间，可以协调政府、市场、社会多元主体协同合作，整合各方面资源，提高治理效能。

二、社会组织参与市域社会治理的路径

市域社会治理是国家治理战略在市域层面的落实。社会组织作为推动市域社会治理创新的重要主体之一，需要充分发挥其优势。

首先，注重人才队伍建设。判断社会组织发展状况的一个重要指标是人才队伍建设状况，人才队伍建设水平是社会组织发展的根本保障。一要加强对社会组织人才的专业培训。很多大学生没有实际工作的经历，缺乏实践经验，要为其创造良好的成长环境，实现专业人才培养与职业资格的有效衔接。二要优化社会组织评价激励机制。科学的评价激励机制会使优秀人才脱颖而出，创新活力不断迸发，不科学的评价激励机制则不利于调动人才的积极性、主动性和创造性，使其创新活力的激情大打折扣。通过健全多层次薪酬福利机制和人才交流机制，激发社会组织专业人员的工作热情，同时优化人才评价及现有职称评定机制，确保从事公益事业的专业人员的晋升渠道。

其次，整合社会力量。一要鼓励行业协会、商会等社会团体，发挥其联系成员、公共安全、志愿服务等方面的专业优势。通过提供资金、人员、场地等方式，与社工机构开展合作，共同参与市域社会治理，以填补政府在公共服务方面的薄弱环节，持续满足人民的多样化需求，并提高市域社会治理的精细化水平。二要通过举办社会组织公益创投大赛等形式，引导基金会与社工机构开展合作，为社会治理项目提供资金支持。加强与高校合作，发动有社工、心理学、法学等专业背景的教师参与社工机构服务，组织社工专业学生进入社工机构实习，充实力量。

再次，加强多渠道资源支持。资源的获得是社会组织的基本任务。然而，社会组织属于非营利性质，其资源难以得到有效的管理和保护，因此，在发展的过程中，存在着资金短缺等现实问题。一要打造自身品牌。要使社会组织的专业化发展与自身发展方向相适应，形成具有自身特色的品牌，并借助具有代表性的品牌扩大自身的影响力，这样才能提升筹资能力。二要完善企业资金供应的途径。将政府部门中的资产管理、战略定位、法律诉讼、运营分析、业绩考核等剥离出来，交给专业化的社会组织，既可以巩固壮大自身体系，同时又营造了良好的社会公益氛围。

最后，完善监管法规制度体系。如果缺乏有效的监管，社会组织可能会出现以公益为名谋取私利的不良行为，严重损害其自身的名誉和公信力，进而对社会组织可持续发展造成不利的后果。加强对社会组织的监管，完善其

发展监测体系,是推动社会组织发展的有效途径。一要强化监督管理制度建设。第三方监管应该由一个与政府、社会组织等无关的专门机构承接,借鉴国外先进的实践经验,设立一个相对于政府和社会组织以外的第三方监管机制。二要健全社会组织的公开制度。完善社会组织的信息披露机制,既有利于强化对社会组织的监管,又有利于实现公民的知情权。社会组织应当公开其章程,并将收入、支出、活动等不涉及个人隐私的信息公开,便于群众了解实际情况,同时要设立社会组织自身信息的公告栏,提高公众监督的透明度。

第三节 依托公众参与的自治活力

推进市域社会治理现代化,扩大和深化公众参与是重要因素之一。越来越多的人认为,公众关心的重要问题,包括环境问题、信息和通信技术发展问题都非常复杂,以至于不能仅仅依赖政府单独决策。近年来,我国逐渐形成党委领导、政府负责、民主协商、社会协同、公众参与、法治保障、科技支撑的社会治理体制机制,对推动经济发展、维护社会稳定、提升政府公信力、增进人民福祉等发挥了重要作用。由此可见,创新社会治理的一个重要主体是公众,公众参与是推进社会治理创新的基石,有助于更好地满足人民日益增长的美好生活需要。

一、市域社会治理现代化符合民主协商的需要

民主协商是中国特色社会主义协商民主制度的核心组成部分。政府应基于公共价值管理理论对公众参与进行明确的鼓励、推动、引导,培养其公共理性和公共责任感,体现价值理性。

首先,民主协商寻求集体共识的最大公约数。公众之间的理性商谈和沟通互动是协商民主的基础。协商是面对面交流的一种形式,强调理性的交流,而不是操纵、强迫和欺骗。协商过程的合法性不仅仅在于多数人的意愿,更是超越个体自我利益与局限的集体理性反思的结果。因此,在协商过程中,不仅强调最终结果的数量,更强调协商结果的质量,即寻求集体共识的最大公约数。纵观中国社会治理研究会公布的85个"全国市域社会治理

创新优秀案例（2020）"，如天津的"居民自治志愿服务型社区"、浙江杭州的"民意直通车"、山东济宁的"民意五来听"、湖北武汉的"智慧联动多元共治"、重庆九龙坡区的"老杨群工"、四川成都的"社区合伙人"，各利益主体不仅需要聆听他人的意见，同时也要为自己的主张进行合理的说明和解释，以改变他人的想法，并结合众多建议对自己的主张进行重新评估和修正。公众参与为市域社会多元治理目标的实现提供了有效的制度供给和实践空间。

其次，民主协商调动多元主体共治。民主协商的基本出发点是如何更好地保障实现人民权利。社区是社会的基本单元，是人民群众安居乐业的家园，是联系基层群众的第一线。以社区为载体的民主建设容易吸引群众广泛参与，通过讨论、商议和表决进行民主决策，提高群众参政议政的自觉性、主动性和积极性，进而提高决策的科学性和有效性，有效解决实际困难、化解矛盾纠纷，促进社会和谐稳定。

最后，民主协商凝聚和整合多元利益。越是利益多元，越需要利益相关主体通过理性参与、互动和博弈，找到均衡点。一方面，在公共事务的讨论、审议和协商过程中，要充分考虑各方利益诉求，实现利益的协调和整合，从而扩大国家决策的合法性基础，使决策的执行更加顺畅，降低执行成本；另一方面，相比社区管理层的闭门决策，民主协商过程中尽管有不同的意见，但最终都能在互动过程中达成共识，有助于降低执行的难度，获得更多民众的支持。

二、公众参与市域社会治理的制约因素

随着市域社会治理的深入推进，公众参与呈现被动性、滞后性、无理性、无序性的特点。

首先，公众参与缺乏内生动力。一方面，公众参与市域社会治理意识不强。从公众角度讲，参与社会治理是唤醒广大公众公共精神和社会责任感的方式。计划经济体制和单一结构的政府治理模式，使广大公众缺乏参与市域社会治理的主体意识、社会责任意识和主动参与意识，等靠要思想严重，一部分公众养成服从意识、依赖意识，只希望通过政府努力来享受治理成效。从政府角度讲，我国政府在社会管理事务中扮演"全能智者"的角色，存在一些忽视社会组织与公众的主体地位，对公众参与认知度不高的现象，对市域社会治理的理念及优势宣传引导不够，公众对此缺乏认知，影响参与的主

动性与积极性。另一方面,公众参与市域社会治理能力不足。市域社会治理涉及政治建设、经济建设、文化建设、社会建设、生态文明建设,还包括民生服务、城市治理、综合治理、环境卫生、应急管理以及社会心理服务体系建设等方面,涉及面广,公众缺乏完备的知识体系与实践经验,往往力不从心、手足无措。

其次,公众参与缺乏外部动力。一方面,公众参与的保障配套机制不健全。无规矩不成方圆,科学的制度是市域社会治理有序推进的基本保障。但是,当前公众参与社会治理的机制还不够完善,现行的机制对此规定较为笼统,可操作性不强;既有的治理协商机制公众参与的代表性和广泛性远远不够;现有的治理信访制度执行过程有偏差,个别信访工作人员工作懈怠、信访结果久拖不决。缺乏操作性强的机制、既有机制落实不到位等多种因素制约着公众的有序有效参与。另一方面,公众参与的渠道和方式不够丰富。社会组织是政府还权于民、放权于社会的有效途径,但当前公众参与组织化程度不高,参与的机会相对较少,即使参与,也往往缺乏组织化、缺乏相关专业知识与政策知识,难以有效发挥作用。

三、案例分析

近年来,成都市成华区针对城市老旧小区改造、安全风险防范等问题,因地制宜、因时制宜,不断探索"党建引领、民主协商、公众参与、居民自治"的社会治理模式,成效显著。在探索老旧小区治理新路径方面,成都市成华区总结出"党建引领、政企共治、多元参与"的社会治理模式,通过党建、自治与共治的方式,成立自治小组,搭建以党建为核心的社区协商、公众参与组织架构。其做法主要有以下几个方面。

首先,强化组织领导、党建引领、居民自治。一是强化组织领导。成立政企共治领导小组,统筹移交治理工作,同时双方各自抽调精兵强将,组成领导小组办公室。定期召开工作联席会议,协调解决关键问题。二是强化党建引领。打破条块分割,构建"街道党工委+社区党委+企业党委+辖区企业(单位)党组织"的区域化党建联盟。将社会组织纳入党建联盟,构建条块结合、资源共享、优势互补、共驻共建的区域化党建新格局。三是强化居民自治。成立居民自治小组,充分发挥国企老党员、老员工的作用,以他们为基础成立自治小组,积极发动企业生活区的居民参与改造治理工作,实现企业生活区作为单位"熟人社会"的再组织。积极推行"先自治后治理"模式，问需于民、问计于民、问效于民。

其次，搭建服务平台、引入运维组织、续航自我发展。一是搭建三大服务平台。充分发挥基层党组织的桥梁纽带作用，利用"熟人社区"居民联系紧密的优势，积极整合社区资源，搭建服务平台。二是引入专业运维组织。改革社区公共服务由政府兜底供给的传统模式，引进社会企业、专业社会组织、专业志愿者组织等参与社区的治理与发展。三是续航社区自我发展。实行"公益+低偿+有偿"的服务形式，在保障社区服务公益性的同时，也考虑专业组织的长期发展，如社区助老服务餐厅，有效解决了辖区老年人尤其是特殊困难老年人的居家养老就餐难题。

再次，升级改造环境、盘活工业遗址、深挖工业符号。一是环境升级改造。发放调查问卷，线上征集居民意见和建议。通过政府、企业投入，拆除小区违建围墙，新增绿地，新建服务设施等。二是盘活工业遗址。政府、企业、社区三方联动，将工业记忆植入小区"微空间"，浸润社区"新空间"，勾画"文化景观线"，赋予"工业城市乡愁"，充分利用老砖老瓦升级改造社区公共空间，让企业生活区居民更有企业归属感。三是深挖工业符号。如在人行道地面上增加铁路路徽，休闲椅上增加机车元素，步行街旁增加齿轮、轴承，既增加了传统工业美学的浑厚朴素，又增加了新时代社区的时尚大气。不定期举办茶话会、博物展、知识培训等活动，这既是对社区公共意识的再造，又是对机车工人坚韧不拔、乐观向上精神的传承。

最后，打造集成服务阵地、智慧社区治理平台。一是打造集成服务阵地。依托社区党群服务中心，打造"1+1+N"综合服务阵地，即社区党群服务中心与社区综治中心联动联勤，N个特色服务协同支撑，充分整合各种资源和社会力量，集成党建、综治、警务、调解、心理、法律等功能，让居民在社区就能享受到一站式服务。二是打造智慧社区治理平台。打造网上社区和治理应用场景，构建从"城市大脑"到"基层细胞"的智能社区治理体系，提升基层社会治理智能化水平。

由上述实践可以看出，居民参与度确实得到了大幅提高，公众的参与心理也发生了根本性改变，从社区发展与建设的"旁观者"变为"参与者"，从利益诉求的"被动者"变为"主动者"，有效解决了老旧小区改造中居民改造意见统一难、改造资金收缴难、小区后续长效管理难等问题，将社区协商、公众参与有机贯通于社区公共事务治理中。同时，居民自治组织的成立，为居民提供了发声的渠道，畅通利益表达，预防矛盾累积激化，促进科学决策、民主决策，大幅提升居民的幸福感。在建立社区议事规则与制度的基础上，充分激发群众的内生动力,提升他们的参与能力和水平。一方面,培养、挖掘社区居民议事骨干和社区居民领袖,促使一大批老党员、老干部参与社区协商,有效利用社区内部的"能人"资源;另一方面,提升议事代表提出议案、讨论议案、做出决议的能力和水平,提高居民议事协商能力和社区治理能力,形成社区民主参与的良好氛围。随着社会主义市场经济的发展,社会关系多样化、社会利益多元化,单靠某一种社会力量难以应对现代化进程中面临的诸多社会问题,也难以应对各种突发的社会风险。新时代的社会治理已不再是党委和政府的"独角戏",而是在党的领导下,政府、社会组织、公众等各方的良性互动,从而推动社会和谐发展、保障社会安定有序。

第四节　打造科技支撑的智治平台

党的十九大报告明确指出,"推动互联网、大数据、人工智能和实体经济深度融合"①,"提高社会治理社会化、法治化、智能化、专业化水平"②。党的十九届四中全会进一步强调要"建立健全运用互联网、大数据、人工智能等技术手段进行行政管理的制度规则"③。加快物联网、云计算、移动互联网、大数据、空间信息技术和人工智能等现代技术同政府治理的融合,已经成为深化行政体制改革、推进国家治理体系和治理能力现代化的重要驱动力。

一、智慧治理的逻辑起点是技术的进步

智慧治理是在技术浪潮思辨中衍生出来的新型治理模式,智慧治理基础逻辑的建立离不开技术逻辑。一是传统的经验驱动决策包含着一定的主观因素。某一事件发生后展开调查,给出解决方案,具有明显的被动性。而信息驱动能够避免主观与现实的张力,使治理具有前瞻性和科学性。二是治理主

---

① 习近平. 决胜全面建成小康社会　夺取新时代中国特色社会主义伟大胜利——在中国共产党第十九次全国代表大会上的报告 [M]. 北京:人民出版社,2017:30.
② 习近平. 决胜全面建成小康社会　夺取新时代中国特色社会主义伟大胜利——在中国共产党第十九次全国代表大会上的报告 [M]. 北京:人民出版社,2017:49.
③ 中共中央关于坚持和完善中国特色社会主义制度　推进国家治理体系和治理能力现代化若干重大问题的决定 [M]. 北京:人民出版社,2019:17.

体间的互动、沟通与协同需要依托信息的分享和流动，组织机构的联结互动、行政流程的统筹协同就需要现代技术作为支撑。三是静态管理难以适应易变的社会网络，现代技术的动态规则更适应真实世界的变化规律。

面对技术与社会变化的叠加并轨，治理改革通过合理范围内的结构调整，最直接的目的是提升组织绩效。从结构功能主义视角来看，政府是一个包含各种元素的系统，其中功能定位和权力关系是影响治理结构构建的关键。一方面，现代技术可以直接作用于组织系统，比如，给政府组织内部运行营造数字化和智能化情境。另外，直观呈现的一体化平台是政府治理的重要载体，该平台是各个部门分散职能的整合，该平台之外是日益塑造的新型的智慧思维政务文化。另一方面，智能系统的综合分类，可以在一定程度上排除政府治理过程中的重复与损耗。同时，管理的层级得到压缩后，扁平化的组织结构更匹配流动社会的变化。信息权力的重塑必然进一步促进组织的规范性，实现政府行为向更开放、更灵活的方式发展，这也加大了组织的自主性和协作性。

技术的发展使政府治理的对象和外部环境发生了变化。科技嵌入政府治理成就了智慧治理，而政府的绩效压力也促使它寻求更先进的治理方式，可见，技术与政府结构之间呈现出一种互动关系。鉴于此，智慧治理体现了技术嵌入政府治理的双向互动过程，技术赋能科层，科层规制技术。科技嵌入政府治理的第一步是引入技术，快速地通过基础设施搜集和存储信息。第二步是技术和政府治理的互动，技术逻辑和组织逻辑需要逐渐融合，这体现为技术设计与政府政策二者之间的耦合，并致力于同一目标。第三步是技术和政府治理的互构。现代技术是一个长效变量，能将自己的网络化、多样化、动态性和整体性等属性移植到组织结构和运行中，并互相融合。

二、数智技术能够赋能智慧治理

数字化、智能化、智慧化已经成为推动市域社会治理现代化必需的技术支撑，是保证基层智慧运行和数字化改革的重要方式。积极适应数智化治理情境，着力构建整体智治体系，有利于提升社会治理水平，实现科学治理、精细治理、智慧治理，推动社会治理高质量发展。

首先，树立数智治理理念，引领治理模式变革。数智治理理念为市域社会治理注入数智化特征和数智化思维，为治理模式变革注入"强心剂"。一要坚持党建引领数智治理。创新"党建＋数智治理"模式，让基层党组织服务管理触角延伸到数智治理每个末梢。借鉴杭州市西湖区数字党建的实践，通过手机应用开展"党员进社区、每周一小时"活动，组织区直机关党员到结对社区"渗透式"下沉服务，把党员干部、人民群众以及数智化技术联系起来，形成数智化协同智治的格局。二要把握数智治理的基本特征。敏捷性：数智技术能够及时进行风险预警和跟踪研判，对突发风险随机应对并即时处置。节点性：通过一网通办、一网统管、一网协同等，把人、事、物变成网格化治理的诸个网络链接、信息传递和操作运行的节点。系统性：发挥"万物互联"优势，打通功能孤岛、政策孤岛、信息孤岛，通过算法驱动分散的功能、政策、资源、信息优化组合，以界面化、整体性方式呈现。三要遵循数智治理的"三大思维"。遵循分布式思维：云计算、区块链等数字技术体现了分布式思维，要整合党委、政府各条块及市场、社会各领域分散的治理资源，持续深化"一核多元"的治理格局。遵循节点式思维：数字、数字运算依靠一个个关键节点串联整个数字系统，要在治理创新中发挥关键节点的作用。遵循颠覆式思维：数智化对基层治理的冲击是颠覆式的，要勇于突破思维窠臼和路径依赖，借助数智化赋能，提高社会治理的预见性、精细度、精准度。

其次，运用数智化工具，助力治理方式重塑。数智化工具为市域社会治理装上"数智大脑"，为治理方式重塑打造"智慧工具"。一要完善"五治融合"基层治理体系。从平台、数据、规则、算法等多维度深度融合，破解传统治理碎片化、条块分割的困境，形成横向联动、纵向贯通的共建格局。重庆江北区依托数字化平台构建"党建引领物管""老马带小马""矛盾纠纷化解"等模式，建立区级、街道、社区、网格基层事件流转体系，初步实现"微事网格解决、小事不出社区、大事街镇调处"，打好"政治、自治、法治、德治、智治"协同发力组合拳。二要创建数智应用场景。加快在民生服务、矛盾化解、平安建设等重点领域开发与整合一批数字化应用场景，比如重庆市市域社会治理工作，注重江北"老马工作法"、永川"新乡贤"、南岸"三事分流"等重点应用场景的迭代升级，推出"数智+"系列应用场景，努力打造一批体现巴渝人文特色、时代特征、符合工作实际、具有示范意义的社会治理品牌，推动全景式拓展、全领域渗透、全方位应用。三要开展基层治理数智化考核评估。从市和区县各层面开展考核评估，将基层数字化改革的进度和成效列入街道对村（社区）的赛评机制考核和岗位目标考核，对专班运行实行一揽子督查、对派驻机构实行一体化管理、对中心干部实行一把尺考评，并注重考核结果运用，将综合得分与干部奖惩、薪酬待遇、评先评优、职级晋升直接挂钩，形成"评、用、管"工作闭环。同时，及时推广具有普遍适用性的成果，规范整顿重复性、内卷化、纯跑量的数字化应用。

最后，探索数智化协同治理范式，推动治理能力提升。数智化协同治理范式为市域社会治理提供新视角，为治理能力提升安装"助推器"。一要以数智化赋能塑造更高效的治理范式。数字变革的工具论、数据论、平台论等强调数智化作为"桥""船"与"手""脚"的功能，全方位增强政府对数字技术的深度应用，推进数字技术与社会治理深度融合，搭建数字化办公流程和政务服务模式，精准感知个体诉求、及时调动治理要素、高效响应社会需求。二要以数智化赋能塑造更规范的治理范式。打造"基层公权力大数据监督"应用，进行全天候、全流程、全覆盖的跨部门多业务网上监督，进一步放大大数据的"显微镜"作用，让一批穿着"隐身衣"的问题无所遁形，努力实现风险"一键暴露"、问题"一键追踪"，通过数字化改革规制基层行政权力运行，使行政权力在数智化设定路径上规范运行，实现人在做、数在算、云在看，推动以部门履职为中心的传统治理范式向以人民为中心的治理范式转型。三要以数智化赋能塑造更惠民的治理范式。坚守以人民为中心的价值理念，突出需求导向和人本导向，把"人"立于数字化改革的核心位置，精准聚焦人民高频急难问题，发动群众、依靠群众，持续推动公共服务、民生保障、风险防控、矛盾化解等治理事项得到整体性优化和提升，提升人民群众的获得感、幸福感、安全感和认同感，初步实现社会治理过程让群众参与、成效让群众评判、成果让群众共享。

三、建立"政府—技术"双向规制策略

科技对市域社会治理起到了很好的支撑作用。在决策层面，传统的政府决策大多建立在人工计算和人为信息集成的基础上，公共管理者的角色定位和职能范围直接影响决策质量，而风险实际上由全社会共担。大数据、区块链和人工智能等新一代信息技术的应用，使政府决策依据更加客观、科学，能提高决策效能，这也必然引发公共决策模式的变革。在治理实践服务层面，传统的公共服务供给已经不能完全适应公众诉求日益多元化的需求，差异化、个性化的需求越来越多。在现代技术支撑下，公共服务的需求识别更加敏锐，靶向投递更加精准，在政务服务领域，场景已经向深度智能化迈进。在监管层面，科技支撑人工监管转向机器监管，社会主体的行为状态实现在线化和模型化，在时间上变成全时段守望，为社会安全提供了充足的

保障。

智慧治理以现代技术为支撑，在治理过程中实现健全、透明和畅通的信息获取机制，使政府决策和执行更加高效，治理主体运行成本更加适中，市民生活更加便捷舒适。同时，智慧治理与技术服务业相互促进、协同发展，创建可持续、更环保的场域，创造出具有竞争力、创新性的治理力量。尽管如此，智慧治理的科技应用依然存在一系列风险。

首先，数据隐私风险。现代科技的基础是数据，而智能化的客体涉及生命个体。随着政府治理与技术联系越来越紧密，"公—私"边界变得更加难以界定。伊恩·艾瑞斯（Ian Ayres）曾说："隐私问题部分来说不是大数据分析的问题，它是数字化过程的阴暗面。"[①] 信息数据的多元汇聚，通过深度分析即可对对象进行人物画像，"数字DNA"将完全呈现出来。采集的数据体量大，维度多，若没有进行脱敏或保密措施不到位，个人隐私随时可能被滥用或不当披露。因此，对个人敏感数据的保密和维护，与之相关的法律保障跟进显得迫切。

其次，行政责任模糊风险。数据最大的特点是变化迅速、可流动性强，数据的使用和转让成为风险来源之一。进一步讲，政府使用现代科技使治理更加便利化，但做出的判断责任归属如果不当，就会出现行政责任模糊的危机。特别是当多个行为主体共同参与某一行为决策时，正确归因有助于及时纠正错误。

最后，算法歧视风险。算法是现代科技参与地方政府治理的核心支撑，涉及领域广泛，如评估偏好、预测满意度、决定服务内容、评估犯罪风险、智能生成选择、规划最佳解决方案等。在使人们的生活更加智能化的同时，要保证智能化的公平、客观和公正，即避免算法歧视。因此，需要进一步强化用规则约束代码。

虽然现代科技是政府治理的重要支撑，但仍然存在局限性，为充分发挥现代科技在治理中的重要作用，需要注意以下几方面。首先，政府要持续保持开放的治理理念，遵循新兴技术的科技理性和价值理性，培植科技高地。其次，政府要进一步做好数据的归集和融通，打破数据壁垒。同时，不断提高公共空间运行实时数据的精细化，为实现公共服务快速一体化奠定坚实基础。最后，要积极统筹治理平台，强化政企协作和规划引领。地方政府要加

---

① 伊恩·艾瑞斯. 大数据：思维与决策[M]. 宫相真，译. 北京：人民邮电出版社，2017：174.

强对科技企业的扶持与协作,将其引入"城市大脑"等智能开放创新平台,提高其创新能力和智能治理服务能力,将立法、防控体系及平衡机制等作为科技支撑的重要保障,规避技术自反性带来的复杂趋势。

面对蓬勃发展的新一轮科技革命和产业变革,要充分发挥科技创新对市域社会治理的推动作用。同时,伴随其产生的风险挑战同样值得关注。政策和法规仍然是根本,只是要从传统的物理空间的规制转向技术要素的规制,形成"政府—技术"双向构建的规制策略,从而为塑造智慧社会的新型治理秩序提供有力保障。

第五章 市域社会治理现代化的动力

市域社会治理是城市社会治理与农村社会治理的融合体，是多元利益主体共生的综合体，因而必须多元兼顾。市域社会治理及其现代化必然是整体治理与多中心治理辩证统一的进程，协调联动既是关键的动力之源，也是实现动力整合的机制体制，主要包括整体治理、风险治理、分类治理、基层治理等内容。

第一节 整体治理——坚持行动协同

市域社会治理现代化必须以广泛和充分开展协商的民主政治来实现社会共同意愿和最大公约数诉求。不过，通过协商实现多方认同不是一件简单的事，因此，社会治理中的分歧多样化和系统多元性成为治理各方协同的难点。

一、发挥政府的主导作用

政府在社会治理中的角色包括四种。一是新治理理念的倡导者。政府办好事情的关键不在于依靠权威下达命令，而是运用新的工具和技术来控制和引导。具体到社会治理领域，政府应当变革治理方式，通过与市场、社会建立广泛的信任与联系，从而实现公共价值的最大化。同时，通过教育、培训、引导，为多元主体参与和合作营造民主的氛围。实践证明，思想解放和观念转变是经济发展、社会变革的先导。政府应积极塑造新的治理理念，推动市域社会治理现代化。二是社会治理的中枢。如果将社会治理比作一个神经网络，政府应当是这一网络的神经中枢。在社会治理过程中，政府通过制定公共政策，避免社会不稳定因素的出现。同时，政府应当实时监控各种可能出现的社会风险，及时预警，并组织协调市场、社会做好准备工作。当出现突发事件时，整合各种资源应对危机。三是社会治理制度的建立者。社会治理必须建立相应的组织体系、制度框架和技术平台。首先，需要建立一套完整的组织体系。其次，需要建立一个多元参与的制度框架，比如，通过建立法律法规，明确各个主体在治理过程中的权利和责任，通过彼此合作，形成合力。最后，需要建立一个信息沟通平台，提高社会治理的水平和能力。四是公民权利的保护者。加强和创新社会治理的目的是维护社会秩序、促进社会和谐、保障人民安居乐业，营造稳定安全的发展环境。根据"以人为本"的治理理念，群众满意是社会治理的出发点和落脚点。

一方面，明确政府治理与基层自治的边界。目前，我国基层自治已经实现社区化、网格化，主要依靠行政手段，自治作用、自治能力的发展均不够完善。伴随着数字技术在社会治理中的广泛应用，打破基层治理系统内的数据壁垒，并通过基层治理大数据平台，畅通信息采集、事件处置、大数据研判等，实现综治、便民服务、公众参与等信息及时共享，进一步增强了政府对基层事务的精细化治理水平。随着政府工作重心的下沉，在政府加大对社会治理投入的同时，出现治理责任边界不清、权责不匹配、属地管理与条线管理相互扯皮的现象，在一定程度上造成了治理成本高、难度大、效果不明显等问题。

中国特色社会主义进入新发展阶段，人民对美好生活的向往更多向民主、法治、公平、正义等方面延展，社会治理工作面临新的发展形势、肩负新的时代重任。这就要求理顺政府与基层自治的边界问题。首先，厘清政府权责清单。充分运用好清单式治理工具，梳理从上到下的权力清单、责任清单，把与基层工作密切相关、与基层社会服务密切相关的权力下放到基层，科学精准对基层赋权。充分赋予基层试错容错的空间，给予基层政府更多的自主权力，充分调动基层治理活力。明确划分政府各部门之间的权责范围，哪个部门负责哪一块，如何分工、多大范围、什么权限，出了问题谁该担责、为什么负责、负多大责，一一通过制度化的形式加以细化明确，真正理顺各部门之间的权责关系。进一步明确基层治理目标，不断创新公共服务提供方式，不断满足人民群众新需求。以抗击新型冠状病毒疫情为例，人民群众既需要基层政府提供基本的医疗保障，同时也对应急生活保障、社区和乡村治理、舆情应对等各个方面提出了新要求，基层政府应不断通过治理能力的学习，提高自身治理效能，满足人民群众的新要求。其次，优化基层政府与基层社会组织之间的结构关系。新型冠状病毒疫情应对是全民共同参与的一场战役，充分印证了基层治理"共建共治共享"的重要作用。不少地方的基层党组织带领志愿者和群众共同参与监测、物资保障捐赠和防控救治工作，14亿多人民群众居家隔离抗疫，表明了在基层治理中，在发挥政府主导作用下，充分调动市场主体、社会组织和人民群众等多元化治理主体的积极性，能够更有效发挥基层治理效能。最后，努力培养新型社会组织。推动社会组织管理方案改革创新，下放级别审核管理权限，简化审批环节，逐步推动原有各类协会、商会等组织的脱钩转型。探索建设促进社会组织发展新机制，拓宽政府向社会组织购买服务的范围和规模。加大对社会组织日常活动的监管力度，通过专业化、级别化的方式对社会组织分类评估，以更有序、更规范的形式引导社会组织在更广的范围内参与社会治理。

另一方面，明确政府、市场与社会组织的边界。如在公共文化服务行业，政府部门与销售市场、政府部门与社会发展的界限已经逐渐厘清。在提供社会公共服务方面，政府与社会组织可协同合作，形成政府与社会组织共同提供公共服务的合力。首先，从服务供给的权责分类来看，公共服务包括基本公共服务和普惠性非基本公共服务两大类。基本公共服务要求实现目标人群全覆盖、服务全达标、投入有保障，实现均等化享有和便利可及。政府是基本公共服务保障的责任主体，同时引导市场主体和公益性社会机构补充供给。普惠性非基本公共服务是为满足公民更高层次需求，以可承受的价格付费享有，满足大多数公民必需的公共服务，市场主体和公益性社会机构是其主体力量。此外，为实现公民追求的多样化、个性化、可付费享有的市场化的高端公共服务，政府要制定规则，优化营商环境，确保相关产业规范可持续发展。其次，公共服务供给的底层逻辑是"政府＋市场主体与机构＋公民"的"共建共治共享"机制。其中政府治理是一套系统完整、自上而下的目标管理体系和指标治理机制，属于强理性建构的秩序；而市场主体与社会机构是自下而上的自发性的组织，属于强自发性秩序。两种秩序尽管属性不同，但目标是相同的，通过不断地整合和耦合，一定能够形成公共服务供给的强大合力。

总的来看，政府、市场与社会的边界是一个动态的发展过程。现代技术运用、政府财政投入、人口流动规模等都会对政府的职能边界产生重要影响。同时，政治稳定是实现"共建共治共享"治理格局的基本前提，否则行政主导的制度优势将被潜在的社会风险削弱。

二、发挥社会组织的优势作用

市域社会治理是国家治理和基层治理的关键环节,是一种可以弥合宏观国家治理结构与微观治理行为的联结式枢纽,在国家治理体系中具有承上启下的"中坚带"作用,能够构筑起国家和基层之间的桥梁。作为推动市域社会治理创新的重要组成部分,社会组织在参与市域社会治理过程中有"契合度偏差"[①],要摆脱这一困境,形成能够促进社会组织良性发展的立体网络体系,推动社会组织不断向前发展,并最终成为市域社会治理中的活跃主体,需要从以下几个方面着手:

第一,提升价值认知。在社会治理中,不仅要重视党组织的领导者地位和政府组织的责任主体地位,而且要重视社会组织的参与主体地位。党组织为社会组织把握好政治方向,政府组织是政策和制度的制定者,两者共同为社会组织参与市域社会治理提供合法性资源、制度资源以及财税资源等。要敢于放权于社会组织,切实尊重社会组织的参与主体地位,对具体的治理实践活动,政府不参与、不干预,放手让社会组织经营,只是在一定条件下提供沟通、协商等辅助服务。

第二,引导正确的舆论导向。首先,要注重宣传关于社会组织的法律法规、政策制度,可借助移动互联网等新媒体手段增强宣传力度。其次,要在党政部门内部形成重视发展社会组织的舆论共识,不断提升党政干部对国家发展利用社会组织参与社会治理的政策认知水平,营造良好的社会组织政策执行舆论氛围。最后,市域层面的政法部门和民政部门要把好社会组织舆情收集关,努力向社会展现积极向上的社会组织风采,重视社会组织综合管理平台建设,保证典型事例及时公布宣传策划,违规行为及时发布惩戒措施,推动形成社会组织服务社会、阳光运行的良好社会风气。

第三,注重能力建设。一是要创新人才工作机制。社会组织人才队伍建设是发展社会组织的根本保证。当前我国社会组织缺乏健全、合理的人才工作机制,因此,必须不断健全人才管理体系、优化人才评价机制,注重通过薪酬待遇、社会保障待遇、岗位晋升等方式吸纳、留住专业性人才。二是要完善孵化机制。通过社会组织孵化器,即枢纽型社会组织,如共青团、妇

---

① 陈成文,陈建平. 论社会组织参与市域社会治理的制度建设[J]. 湖湘论坛,2020(1):126.

联、残联、工会等群团组织发起成立的社会组织服务平台或孵化中心等,为社会组织提供资源支持和专业指导。三是重视市场拓展。在社会组织发展的过程中,由于资源获取不足,服务方式和手段业余,再加上行政体制下的强依赖性,不少公益类社会组织可持续发展面临困难。因此,通过引入市场机制使它们既能不偏离自身的服务理念又能获得充足的资源,保证组织的可持续生存和发展。

第四,完善监督制度。加强监管能够保证和提高社会组织公益服务质量和信誉度,如果缺乏监督管理机制,会影响社会组织的可持续发展。一是要建立第三方监督管理制度。第三方监督管理机构是独立于政府部门和社会组织的专业机构,比如高校和科研院所的研究机构,具有独立性、客观性、权威性。二是要完善社会组织信息披露制度。不仅有助于加强对社会组织的监督,而且也有利于落实社会公众的知情权。社会组织要建立公告栏、网站,公布公司章程、运行方式、收支情况、活动情况、第三方评估情况等不侵犯个人隐私的内容,方便群众了解情况以及提出相关意见和建议。三是要建立社会组织信誉评价体系。信誉度是社会组织的生命线,公布社会组织信誉度会在无形中对其产生压力,从而强化其自我监督。行政管理部门要建立信誉评价体系,委托第三方机构对社会组织的信誉进行评估,并及时发布。要将评估结果与政府的资源支持进行挂钩;对信誉度高的社会组织优先给予支持,对信誉度低的社会组织不仅不给予支持,还要将其纳入黑名单。

第五,拓展社会组织资源支持渠道。社会组织的非营利性使其难以获取组织资源,容易面临资金缺乏的困境。一是加大财政资源支持。要划拨出专门的财政资金支持社会组织的发展,尤其是要加大对社区服务类、公益慈善类社会组织的财政支持力度,规范财政支持方式,明确支持范围。同时,要进一步完善针对社会组织的税收优惠政策,拓宽优惠范围和优惠力度,为社会组织减负增能。二是夯实企业资源支持。企业可以在资源、物质、资金、技术方面提供支持,不仅能够有效解决社会组织面临的资源短缺问题,而且有助于激发企业的公益精神和社会责任。

三、发挥人民群众的主体作用

马克思主义群众观的核心是人民群众主体论,在以唯物史观分析社会历史发展规律的基础上,确立人民群众是社会历史的主体,是历史的创造者。群众路线是我们党根据马克思主义基本原理确立的根本路线。要持续深化以人民为中心的治理理念，补齐民生短板，破解民生难题，兜牢民生底线。

第一，突出市域社会治理中的生活导向。人民是市域社会治理的重要参与者，随着人民在治理中主体性地位的凸显，市域社会治理越来越突出生活导向，将治理内容聚焦于人民群众一般生活，将创造高质量生活品质作为管理目标，以回应人民群众日常生活中遇到的各种问题与需求为基本管理内容，期望通过重构人民群众生活秩序为社会发展创造新的活力，促进人民群众的美好生活需求满足与社会健康发展的同步实现。人民群众的感受与体验直接关系到对政府的满意度与信任度，只有人民群众体验到美好生活时，中国共产党的执政合法性基础才能不断巩固，政府工作才能够获得其认可。按照这种逻辑分析，日常生活构建了社会运行的基本政治结构，其虽然是社会发展的微观层面，但对于社会变迁以及国家发展的影响是尤为深远的。社会成员在生活与工作过程中耗费了相应资源，需要通过日常休闲、家庭关系等媒介进行资源补充，当个体处于高品质生活质量时能够获得较多的资源补给；相反，如果个体生活不畅，不仅无法得到资源补偿，还会进一步增加资源消耗，这对个体以及社会均会产生不良影响。因此，市域社会治理中的生活导向是满足人民群众的美好生活需求，是治理资源在社会微观层面的渗透。

第二，重视市域社会治理中的个人主动性。市域社会治理重视激发个人主动性，实现个人的权益。但要以不危害他人和整体的利益为前提，通过个人之间的有机连接推动集体利益的实现。首先，在坚持公民权益的基础上合理行使市域权力，在权力的法定范围内保持市域社会的统一性和整体性；其次，要进一步明确市域和社区间的权力层次，明确各自在何种状态下发挥主体责任，在合理合法的情况下将权限下放到基层，以便能够更加快速、灵活地对社会治理中的一些需求做出回应，从而真正实现公众共同利益和个人利益之间的贯通、连接；最后，政府要最大限度地结合社会发展趋势的有益要素，防止陷入短期内整治或无节制的修复中，从长远视角规划社会发展，让市域的经济、社会和空间结构等方面的发展都有群众的参与。

第二节　风险治理——坚持责任共担

市域社会治理以城市为依托，覆盖农村又连接城乡，着力把风险隐患化解在萌芽、解决在市域，确保不外溢不扩散，担负中场、中枢的职责，具有承上启下的枢纽作用，是国家治理的重要基石。在治理过程中，多元主体共同参与，责任共担，形成风险防控的责任共同体，这是提升市域风险防控能力的重要因素。

一、发挥市域在风险治理中的桥梁和枢纽作用

风险在县域、市域、省域蔓延，有可能引发社会动荡或暴乱。传统"强中央—弱地方"的国家治理结构权力过于集中，致使各层级信息不对称、权责不对等，难以高效、迅捷地协作与联动。治理的层级越高，治理的政治功能相应的就越强，治理目标越侧重于公平性、合法性；相反，治理的层级越低，治理的社会功能就越强，治理目标越侧重于社会事务和效率。市域处于省域和县域之间，能够将治理的政治功能与社会功能结合起来，具有承上启下的桥梁与枢纽作用。省域以上社会治理侧重于宏观性和间接性，县域社会治理侧重于微观性和直接性，市域社会治理既有宏观性又有微观性，既有直接性又有间接性。市域社会治理有助于将危机控制在市域层面，避免成为全国性乃至全球性事件，为确保人民生命安全、社会和谐稳定、建设更高水平的平安中国提供决策参考。市域是弥合"决策—执行"张力的中间接点，在市域建立上下贯通的治理体系，能够解决"最后一公里"难题，及时发现和解决危机，对保障人民身体健康和生命安全、提升市域公共安全治理能力具有重要意义。

市域社会治理具有国家治理意志表达与转换的功能，而且还包括基层治理行为执行和落实的功能。市域层级具有完善顶层设计与制度建设功能，行政和司法的权限更加宽泛，自主空间更加灵活，所有设区的市均具有立法权，可以制定地方性法规或规章。另外，市域层级有更广泛的群众基础，而公共决策需要体现公共利益和民主参与，因此，市域社会治理更能体现人民的意愿。

市域具备最优治理半径和最大政策边际效应，是风险排查、化解的最直接、最有效的治理层级。抗击新型冠状病毒疫情的实践表明，现代化社会矛盾风险的高度外溢性、跨界性和快速性，从酝酿发酵到集中暴发周期很短，牵涉的利益群体、各种诉求等矛盾要素，越来越超出传统县域层级能够解决的职权范围。市域的治理体系较为完备，相较其他层级具有风险防控和危机应对的资源储备和统筹机制，在疫情发生的初期预警与中期管控中起着关键

作用。市域社会治理在简化和畅通治理层级上发挥重要作用，在治理中省域"鞭长莫及"、县域执行力不足等问题都能得到有效解决。利用具有集约效用的市域平台，寻找推进承上启下、条块融通、政民互嵌和区域共享的治理模式，是社会矛盾和风险排查、化解的最直接、最有效的治理"结合体"。

市域各要素和资源的互动互构机制更为完备，无论是统筹还是调度，都更顺畅和灵活。在风险防控中，资源的协同和流动尤为重要，市域层级能承担更大范围的联动，防止基层治理中的碎片化、无序化和低层次竞争。例如，浙江省湖州市通过梳理多年来省、市平安检查和暗访积累数据资源，分析发现其基层基础建设方面的安全隐患体现出涉及范围广、总体数量大、整改难度小三个特点。针对公共安全隐患的三个特点，坚持以实战实训建设、运行为导向，对平安建设过程中的隐患识别与风险控制进行科学化和模块化创设，对基层实际工作中最常见的校园警务室和校车、文化经营场所、建筑工地、瓶装燃气销售点、机械加工生产车间、"三合一"车间、出租房屋、商铺、快递寄递点、危废仓库、零售药店、餐饮厨房、食品生产小作坊、小食杂店等监管领域，进行100%实物还原重建，预设了200余个实际检查中具有典型性、代表性的常见隐患，高度还原了基层监管工作实情，做到了对不同行业监管目标的全覆盖。

二、市域社会风险治理中的多元协同实践

风险治理不仅需要增强国家的公共责任和民主治理能力，同时还要提高个人、组织的公共责任感、风险意识以及风险识别能力。获得感、幸福感、安全感需要个人、组织的参与、投入和担当，使他们在提升行为广度和强度的同时，也能够提高行为和决策的理性程度。例如，重庆市城口县沿河乡以党建为引领，充分发挥院落长、社工、群众的积极性和主动性，形成了多元协同共治的社会治理格局。

沿河乡位是城口县最后一个通公路的乡，也是最后一个实现交通通畅的乡，地形地貌是典型的"九山半水半分田"喀斯特山区，地理条件差，交通闭塞，致使沿河乡前些年的发展滞后于周边的乡镇。2017年8月沿河乡被确定为全市18个深度贫困乡，随着脱贫攻坚不断深入，大量的人力、资源、资金、项目投入，但一些群众的内生动力并没有增强，"等靠要"思想严重。

沿河乡积极适应新形势新变化，坚持问题导向，聚焦破解乡村治理"虚化"、群众人心"沙化"、群众价值"空化"等突出问题，创新实施"院落

制"居民自治，乡村面貌发生了翻天覆地的变化，顺利地摘掉了贫困帽子，群众的获得感、幸福感、安全感不断增强，广大干部群众听党话、感党恩、跟党走的氛围更加浓厚。

第一，以党建为引领。各院落建立真情走访、问题收集、逐级分类解决、反馈群众的院落服务工作机制，推行"大家事、大家议"的民主协商工作法，做到大事不出村、小事不出格、了事在院落。每个村党支部划分为若干个党小组，每个党小组联系多个院落，党员主动亮出身份，在院落日常生产生活中率先引领示范，定期上报院落民情日志，以"党小组+院落"的形式时刻宣传党的好政策，收集到"带露珠"的社情民意，同时与院落居民"同坐一条板凳"，为解决困难提点子、发展生产找路子、化解矛盾想法子，不断巩固和深化"共建共治共享"的社会治理格局。

第二，发挥院落长的作用。在全乡6个村，根据群众实际居住情况，按地缘相邻原则，以20~40户不等划为若干个小院落。由村民自行选出有公心、有责任、有威望的人作为院落长，院落长零报酬带领本院落所有居民开展综合志愿服务，服务涵盖脱贫攻坚政策宣讲、精神提振、产业发展、卫生评比、道德垂范、下一代教育、邻里团结、公益活动等自治管理。

第三，发挥社工的作用。红岩村地处场镇，公共服务基础设施完备，群众对精神文化志愿服务活动有较大的需求，红岩村院落瞄准基层文化短板，以文化活动为切入口，通过引入专业社工人员开展社区营造，组建老人合唱团、百人腰鼓队、三点半课堂，成立了"红岩民间艺术团"，结合脱贫攻坚政策宣传及脱贫攻坚先进人物评选，举办了春晚、国庆晚会、巾帼心向党专题文艺会演，自编自导自演了《戒赌歌》《孝行天下》《我要申请脱贫》等节目60余个。开展形式多样的文化活动，培育文明新风，不断丰富群众精神生活，激发群众内生动力。

第四，发挥群众的作用。一是将院落管理与新时代文明实践平台有机结合。沿河乡把群众作为文明实践主体，把文明实践从社会向院落延伸，各院落广泛参与，推行文明积分管理大家评。截至2021年1月，已开展了学雷锋志愿活动、帮助三留守、包车输送农民外出务工等志愿服务活动，开展微访谈、脱贫故事、"精准扶贫你我同行"等宣讲30余场次，广泛宣传知恩感恩、勤劳致富、孝老爱亲等先进典型事迹，用身边事教育身边人，积极发挥新时代文明实践积分超市的引导作用，让"有德者有所得"。二是搭建"一约四会"村民自治载体。"一约"即村规民约，"四会"即红白理事会、村民议事会、禁毒禁赌会、道德评议会，最大限度地赢得民心、汇聚民力、尊重民意，把基层治理的权力真正交给了群众。三是激发群众参与自主管理的积极性。各院落在人居环境整治等工作的基础上，进一步建立完善管护制度，组织卫生、饮水、道路等多个志愿管护队，以评比积分等方式提高村民集体荣誉意识，逐步改变过去"干部干、群众看"的局面，形成"事事有人管"的自治格局，充分调动群众参与基层治理的积极性和主动性。

把广泛的社会主体纳入市域社会风险治理范畴，公众自主地参与治理，这意味着，传统的"委托－代理"的中介范式和专业垄断范式转向通过意志表达、行动参与和共同监督来实现群策群力，形成最大公约数。这种机制类似于"圆桌会议"，通过各方声音的表达，激活治理的协商性和协作性，从而将分散的资源和智力调动起来，形成更稳定的发展共谋、责任共担、困难共解、利益共享的良性态势。

三、提升市域在风险治理中的共责理念

提升治理主体的协同理念，汇聚多元主体协同合力。一方面，要增强国家的公共责任和行政能力，维护社会与国家的信任关系。提高国家治理能力并不是单纯强调国家所拥有的控制能力，而是通过国家内部治理结构的改革，提高国家对市场和社会的监管能力，并且通过放权和分权等方式来调整国家与市场、社会的关系，形成合作互补关系。另一方面，要不断壮大社会和市场力量，发挥其治理优势。市场与社会组织不仅是现代社会的基本组成要素，也是现代治理的基本机制。当前，应该把重点放在加快现代治理机制的构建上，通过体制调整协调社会内部的各种关系，发挥各个主体的作用，共同承担责任。

我们从抗击新型冠状病毒疫情的经验可以看出，应急状态下，公共治理机制越是能在短时间内做出反应并顺畅运行，就越能减少疫情所带来的负面影响。政府不再仅仅是公共服务的唯一提供者，而是促成多元主体良性互动的主要力量。"信息—决策—执行"是构建突发事件公共治理的基础框架。在信息传播环节出现的问题将严重影响治理效能，进而冲击公众对社会主义制度和党的执政理念的认同。因此，在风险防控过程中，要积极构建公共传播系统，完善社会协同机制，为社会放权和分权，将治理主体纳入治理场域。同时，通过现代化治理技术，实现风险评估、风险控制、风险监测、风险预警、风险更新和风险沟通等，为决策、执行提供科学依据。

社区作为市域社会治理的基本单元，流动人口管理、环境治理、综合治

安、市场监管、矛盾调解、街道维护等是风险发生的高危领域。智能化技术在社区治理中具有支撑作用，能够提升社区治理智能化水平，让城市社区更"聪明"一些、更"智慧"一些。一是以社区信息化基础设施搜集风险数据。按照市域社会治理现代化的目标要求，统筹城乡社区基础设施和技术装备投入，加快一体化社区信息服务站、社区信息亭、社区信息服务自助终端等公益性信息服务设施建设和城乡社区公共服务综合信息平台建设。建立起覆盖全域，影像、图片、音频、文字等多结构信息相结合的源头信息捕捉体系，尤其是要注重背街小巷和敏感区域，避免信息捕捉的"盲点"，以"全数据"支撑风险线索的搜集及分析研判。二是运用大数据治理手段分析数据。通过大数据在公共服务和社会管理中采集、储存、分析数据的能力，对社区治理数据进行实时分析，总结风险发展的内在规律，预测危机发展趋势，并迅速做出预案，营造安全的社区环境。三是完善社区管理和服务机制。树立科技支撑的风险意识，注重制度设计和机制创新，提高公众使用率、保证数据安全、弥补数据鸿沟，最大限度地防范技术风险。要推进社区治理结构重塑，顺应社区管理和服务的信息化升级，深化政府机构改革、重构社区组织体系，优化政府对城乡社区的人、财、物等资源投入，为科技支撑提供体制保障。

第三节 分类治理——坚持利益共享

社会治理不是治理社会，而是全社会共同治理。这就意味着新时代的社会治理主体，从政府主导转向党委领导、政府负责下的社会多元共同治理，持续汇聚起多方治理力量，不断形成多元主体"共建共治共享"的社会治理格局。坚持和完善"共建共治共享"的社会治理制度，必须发挥人民群众和社会组织的主动性和积极性，最大限度地增加和谐因素，增强社会发展活力，不断提高社会治理现代化水平，由过去偏重经济增长转向更加重视推动人的全面发展和社会全面进步。

一、坚持人民主体地位

（一）相信群众，依靠群众

党的二十大报告强调："发展壮大群防群治力量，营造见义勇为社会氛围，建设人人有责、人人尽责、人人享有的社会治理共同体。"① 社会治理的主体说到底是人民群众，人民群众既是市域社会治理的参与者，也是受益者。现在，一些人仍然把社会力量、群众当成治理的对象、客体，既不注重鼓励和支持社会各方面的参与，也不善于发挥社会自我调节和群众自治的作用，结果只能是不断重复管理成本无限增长和政府包管一切社会事务的老路。在创新社会治理中，克服官僚主义、命令主义，为基层放权赋能，把大量的工作放到群众中去，通过激发内生动力、拓展参与渠道，充分发挥人民群众在社会治理中的主体作用，有效激发群众参与社会治理的活力、创造力，让社会治理更加利民、惠民、便民、安民，让人民群众成为推进市域社会治理现代化的最大受益者。

（二）加强社会工作专业岗位开发

以社会需求为导向，加大社会工作专业岗位的开发和规范力度，保障薪酬待遇水平，畅通参与途径和渠道，完善激励保障制度。首先，推进岗位开发和人才配备。鼓励和支持党政机关、企事业单位、基层社区、社会组织开发社会工作专业岗位，吸纳社会工作从业人员参与公共服务和市域社会治理。基层公共服务平台应将社会工作专业人才纳入专业技术岗位管理范围，根据工作需要设置一定数量的社会工作专业岗位，配备社会工作专业人才。强化对从业人员专业化培养，不断提高其职业化、规范化水平，打造一支素质优良的本土社会工作专业人才队伍。其次，规范专业岗位聘用。参照事业单位专业技术岗位等级设置标准，支持引导城乡社区以及相关事业单位、社会组织明确社会工作专业岗位等级，建立以专业知识技能和专业工作年限为依据的社会工作职级体系及晋升标准。再次，强化专业人才激励保障。合理确定社会工作专业人才薪酬待遇，加大培养激励力度，努力提高职业地位，

---

① 习近平. 高举中国特色社会主义伟大旗帜　为全面建设社会主义现代化国家而团结奋斗——在中国共产党第二十次全国代表大会上的报告［M］. 北京：人民出版社，2022：54.

关心艰苦地区人才成长发展。最后,加强组织领导。政法委、民政部门、财政部门、人力资源社会保障部门等要重视社会工作专业岗位开发与人才激励保障工作,履职尽责、协力推进;各级部门要将应由政府承担的社会工作专业人才薪酬待遇的激励保障经费纳入财政预算,加强绩效评价,提高资金使用效益;各地要将社会工作专业岗位开发和人才激励保障建设纳入各级党委、政府和有关部门绩效目标管理。

二、提升社会组织的治理能力

创新市域社会治理,要推动社会治理重心向基层下移,更好地发挥社会组织的功能,实现政府治理和社会调节、居民自治的良性互动。社会组织以其独特的民间性、非营利性、志愿性和自治性,弥补了市场与政府在提供公共物品和处理社会事务方面的不足,其实际效能的发挥更是社会治理体系不可或缺的重要依托。

政府机构应逐步将服务创新、专业技术类的职责授权或委托给有相应资质证书的社会组织,并进行明确的职责分工①,进而加快形成政社分离、权责明确、分工合作的格局,理顺政府与社会的关系,推动政府职能的转变。一方面,社会组织可以有效承接政府部分职能,尤其是行业协会类的社会组织在决策咨询、行业标准制定、资质资格类的考核、行业调查与统计、诚信建设、展览展销、价格协调以及行业性的集体谈判等方面有明显的专业优势;另一方面,社会组织可以协助政府处理一些比较棘手的难题,比如与民众的沟通、社会矛盾的调节、突发事件的应对等。这些举措有利于推动政府职能转变,促进服务型政府建设。

增强社会组织的治理能力。一是在财政税收和人才方面给予支持。依照当地生产总值或公共性财政收支一定占比的费用预算列支关键公益性服务项目明细,优先向养老服务、分歧解决、心理干预、法律援助、托幼抚养、特殊家庭服务、左邻右舍互帮互助等方面的社会组织倾斜。二是青年志愿者是社会组织人才队伍构成的重要后备力量,考虑总结推广志愿者"时间银行"管理制度,对青年志愿者的实践活动进行记录,并给予相应激励措施。比如,可以对优秀志愿者团队在升学考试、公务员招考、银行信贷等层面给予

---

① 政府应该向社会组织转移职能事项清单和购买服务清单,同时明确承接政府转移职能的社会组织清单,真真正正落实适合由社会组织给予的公共文化服务项目和解决的事宜。

一定程度的加分。三是运用"互联网+",搭建全市统一的政府购买社会组织服务信息平台,把项目申报、立项评审、项目实施、进展动态、中期检查、动态监管、资金支出、服务评价、绩效评估等全过程纳入平台,形成"一窗式"服务。

加大社会组织的资金支持。社会组织是非营利性的,开展工作时缺乏资金。一是加大对社会组织承接政府购买服务的支持力度,进一步扩大政府购买服务的范围和规模,更多地运用市场化、社会化方式,逐步将应由政府提供、适合社会组织承担的事务性公共管理和服务交由社会组织承接。二是聚焦"一小一老"服务,聚焦乡村振兴、社会组织能力建设,重点面向工作条件相对薄弱、基层需求强烈、示范引领带动作用大的区域,鼓励有意愿、有条件的社会组织参与,国家提供资金,进一步优化对中央财政支持社会组织参与社会服务项目的投入与管理,支持引导社会组织更加精准、规范、有效地做好惠民生、暖民心、顺民意的工作。

强化企业对社会组织的支持。社会组织在组织管理、发展规划等方面仍存在非专业性特征,企业对社会组织的支持尤为重要,主要包括资金支持、技术支持、物质支持三个方面。资金支持主要以无偿捐助或冠名赞助为主,尽管短期内有利于解决资金难题,但对社会组织的技能提升效果不佳,可能出现组织架构难题、内控管理难题、专业服务难题等,需要企业给予社会组织专业的技术支持,比如管理方法技术、专业服务技术等,提升社会组织的专业能力。因此,企业支持不仅能够破解社会组织资金短缺的难题,而且能够给予其财务会计、法律咨询服务、策划活动、经营方法等各个方面的技术性支持,进而提高其发展能力。对于企业来说,对社会组织的支持有利于激发企业肩负社会责任、弘扬慈善精神。为了能够让企业更好地为社会组织提供资源支持,政府及有关部门要对其进行正确的舆论引导。

第四节 基层治理——坚持民主协商

党的十九届四中全会从加强国家治理体系和治理能力现代化的高度出

发,将"民主协商"①纳入社会治理体系,表明民主协商作为社会治理的重要方式在破解治理难题、寻求广泛共识、促进社会和谐稳定等方面具有独特优势。将民主协商纳入市域社会治理体系也意味着理性协商、对话沟通将成为当代中国社会治理的重要方式方法,使广大民众有机会、有渠道参与社会治理,进行民主管理、民主决策、民主监督,提升人民群众的幸福感、获得感和安全感。民主协商致力于改变传统"垂直式"的社会管理方式,改变社会治理中各主体相互博弈的行为方式,通过构建对话交流平台使各主体充分参与、平等协商,最终实现合作共治,体现了社会治理中以人民为中心的理念,能有效推动民主协商制度优势向市域治理效能转化。

一、发挥民主协商的作用

民主协商是符合基本民主规则的协商,参与协商双方的地位是平等的,各方意志自由不受控制和干扰,各方充分共享相关信息,协商时允许畅所欲言、各抒己见,各种合理意见都能得到充分尊重和适当采纳。民主协商与"共建共治共享"的社会治理格局具有内在契合性。

将涉及面广、影响重大的基层公共事务作为协商主题。这样不仅能够激发民众参与协商的积极性和主动性,也可以使政府根据民众诉求积极寻求加强市域社会治理的具体路径。在选择协商主题的方法上,要克服"替民做主"的思维模式,通过深入走访调研发现问题,积极引导民众充分表达自身的现实需求。当前,基层政府和党组织可以利用建立信息化沟通平台,将民众诉求表达形式制度化、规范化。

灵活运用多种协商形式。民主协商没有固定的实践形式,协商形式可以以问题为导向,根据主题、主体、条件、环境变化。当前我国社会发展迅速,社会事务不断增加,要求政府和党组织要根据社会实际状况积极创新协商形式,主动深入一线调查研究,采用讨论、座谈、协商等办法和会议式、视察式、调研式、恳谈式等协商形式,广开言路、广求良策,为社会治理助力。

将协商成效作为检验民主协商的标准。民主协商的目的是解决社会治理中的问题,问题解决与否、群众满意与否是衡量民主协商的唯一标准。要不

---

① 中国共产党第十九届中央委员会第四次全体会议公报[M].北京:人民出版社,2019:13.

断完善民主协商制度机制,积极搭建沟通平台,完善多方协商机制。要建立协商成果转化和督查机制,把协商事项的执行和完成情况作为基层党委政府年度工作考评的重要内容,加大督查督办工作力度。除此之外,为进一步提升协商成效。一方面,要动员更多具有专业职能的社会力量,让各方面意见通过协商平台充分表达,形成破解难题、促进和谐的合力;另一方面,要通过基层民主协商,宣传党的政策、理论、方针、路线,传达党委政府的主张,进一步加强党的思想政治引领,实现建言资政和凝聚共识"双向发力"。

二、科学的机制是民主协商的保障

民主协商作为当代中国社会治理体系的重要内容一直发挥着其独特的价值和作用。随着党的十九届四中全会对这一社会治理实践形式的认可和肯定,民主协商将进一步与社会治理相融合,成为推动市域社会治理体系和治理能力现代化的重要举措。具体来看,它主要包括以下内容。

第一,党的领导是民主协商的重要保障。中国共产党是中国特色社会主义事业的领导核心。党政军民学,东西南北中,党是领导一切的,党发挥着总揽全局、协调各方的领导核心作用。民主协商是中国共产党领导人民有效治理国家、保证人民当家作主的重要制度设计,是实践全过程人民民主的重要形式,必须在党的领导下运行。任何形式的民主要稳定、有效地发挥作用,都必须是有序的、有组织的。中国共产党领导社会主义民主政治的成功实践表明,民主协商只有在党的领导下才能成功。我国民主协商是不断发展的,逐渐形成了由政党协商、人大协商、政府协商、政协协商、人民团体协商、基层协商以及社会组织协商等构成的程序合理、环节完整的民主协商体系,民主协商在实践中不断实现广泛多层制度化发展。在民主协商的过程中,党组织的作用主要体现在把握方向、确定议题、掌控局势,确保工作部署与集体利益相一致。同时,坚持"统筹推进而不统包"的标准,基层党组织只承担把握协商进展和方位的任务,不干涉协商过程,真真正正让人民群众自己来参与和决策。

第二,体制机制是民主协商的支撑。一方面,优化参与机制,包括参与者的选拔机制、培训体制、标准体制。在选拔机制方面,人员选拔要综合考虑区域、行业、综合素质等多个因素,依据每次协商内容的不同,科学选拔参与者,确保参与者既有代表性,又有关联性;在培训体制方面,参与者大都来源于不同的行业和领域,并非都具有相关专业知识和能力,要求对参与者做好业务培训工作,确保民主协商的成效;在标准体制方面,公民的权利和义务相互依存、密不可分,每个公民既是权利的行使者又是义务的承担者,在行使权利的同时,必须担负起相应的义务和责任。为实现这一目标,就要按照相关法律规定,引导群众有序参与民主协商。另一方面,健全民主协商体制。如何协商,是民主协商的核心内容。最重要的是明确协商议题。议题决定了协商的具体内容、难易程度。根据相应的规定,明确哪些内容必须协商,确保协商事项参与的广泛性。在协商过程中要确保协商的公平性,根据合理的会议制度,防止因为知识、能力或信息的不对称造成协商的不公平,防止遭受权力及相关利益团体的干预和影响。同时,还要保证协商的实效性,通过必要的机制或渠道,对协商的结果进行调整和整合,并及时反馈到有关部门。

第三,反馈机制保证民主协商的持续性。民主协商的效果如何,需要通过反馈机制来实现。在现有的制度条件下,民主协商本身还不具有法律效力。事实上,基层民主协商也不可能替代人大的功能。为了避免协商流于形式,就需要建立必要的反馈机制。各相关部门需要对民主协商中的意见进行必要的反馈和回应。只有通过这种反馈和回应,达成共识,才能保证民主协商的持续性。在回应的过程中,需要建立必要的保障机制,使这种回应本身成为基层民主协商的重要组成部分。这就要求建立相应的回应渠道、回应规则、回应责任机制,避免可有可无的形式回应,使民主协商的结果具有必要的机制保障。

第六章　市域社会治理现代化的法治保障

习近平法治思想揭示了"法治兴则民族兴,法治强则国家强"[①]的历史规律。当前,我国正处在实现中华民族伟大复兴的关键时期,世界百年未有之大变局加速演进,改革发展稳定任务艰巨繁重,对外开放深入推进,需要更好发挥法治固根本、稳预期、利长远的作用,这是建设社会主义法治国家、实现国家治理体系和治理能力现代化的必然要求。2019年10月31日发布的《中共中央关于坚持和完善中国特色社会主义制度　推进国家治理体系和治理能力现代化若干重大问题的决定》对我国市域社会治理现代化提出了更高的要求,各地因地制宜采取了相应的治理手段,取得了一定的成效。但我们也应该清醒地认识到我国市域社会治理尚处于探索起步阶段。法治保障旨在探索在市域范围内如何将社会治理的各项事务纳入法治轨道,通过科学完备的立法、公正权威的法律实施、普遍自愿的守法、务实有效的法律监督,实现市域社会治理的法治化,有效提高市域社会治理现代化水平。

第一节　市域社会治理现代化法治保障的现状及问题

全面依法治国是中国特色社会主义的本质要求和重要保障,是实现国家治理体系和治理能力现代化的必然要求。各省法治建设侧重点各不相同,市域所面对的问题更是具有地方特性。因而,各地整体地、齐头并进地实现法治有很大难度。当前面对的问题往往具有跨界性、关联性、复杂性。相比国家和省域层面,市域直面基层一线,给出的方案更具操作性,具有更大、更

---

① 习近平. 习近平谈治国理政:第4卷[M]. 北京:外文出版社,2022:300.

灵活的自主创新的空间。相比县域层面,市域治理对象更多样、治理问题更典型、治理体系更完备,更需要加强顶层设计,进行宏观指导。2022年2月16日,中央政法委召开第五次市域社会治理现代化试点工作交流会,中央政法委秘书长强调,要坚持以习近平新时代中国特色社会主义思想为指导,深入贯彻习近平法治思想,充分发挥法治固根本、稳预期、利长远作用,加快推进市域社会治理现代化。① 如何进一步发挥法治在市域社会治理现代化中的保障作用,需要分析法治保障的现状、存在的问题,进一步探索实施路径。

一、市域社会治理现代化法治保障的现状

随着城镇化进程的推进和农业人口的转移,市域层级成为各类社会矛盾的集聚区,也成为国家治理的重心和难点。作为社会矛盾的聚合点和社会发展的晴雨表,在推进市域社会治理现代化的进程中,法治工作扮演着重要角色,发挥着关键作用。中共中央印发的《法治社会建设实施纲要(2020—2025年)》明确提出:"开展市域社会治理现代化试点,使法治成为市域经济社会发展的核心竞争力。"② 市域层级具有较为完备的社会治理体系,在法律政策手段等方面统筹能力更强,具有解决重大矛盾问题的资源和能力。综合运用法治思维和法治方式解决市域社会治理中的重大矛盾问题,全面提升市域社会治理的法治化水平,在法治轨道上推进市域社会治理现代化,是落实国家治理顶层设计的重要抓手和突破口,也是全面贯彻落实习近平法治思想的必然要求。广州市的法治政府建设位居全国前列,从2016年到2020年,广州市人民政府积极完善地方性法律法规,建立健全法律服务平台,将法治建设覆盖全市城乡。广州市的法治政府建设位居全国前列,并多次荣获中国法治建设奖项,是唯一一个连续六年在法治建设评估中排名前五的城市。

2019年以来,中央政法委组织开展了全国市域社会治理现代化试点工作,第一期(2020—2022年)247个市地试点期已满。试点城市运用到的法治手段较多,发挥了法治保障作用。例如,四川省达州市检察机关曾依托公

---

① 陈一新:充分发挥法治保障作用,加快推进市域社会治理现代化[EB/OL].(2022—02—17)[2023—07—24]. http://www.chinapeace.gov.cn/chinapeace/c100007/2022—02/16/content_12595747.shtml.

② 法治社会建设实施纲要(2020—2025年)[M].北京:人民出版社,2020:14.

益诉讼职能加大对案件证据的搜集、审批和监督，促使行政机关和执法机关能够秉公执法、依法执政，为市域社会治理现代化提供法治保障，同时也鼓励人民群众利用法律手段解决实际问题。深圳市先后出台相关条例、规范等，对行政人员和执法人员的入职、晋升均做出明确的规定；推进数据信息的立法工作，对个人隐私和相关数据做出了明确的规定；推进社会矛盾纠纷解决机制，让矛盾的解决有法可依。南京市从三个方面对市域社会治理现代化进行法治保障。一是建立健全法律法规体系。南京市人民政府通过立法的方式让市域社会治理水平从根源、细节和整体上得到提升，为市域社会治理现代化的推进奠定扎实的法治基础。二是推进多元化矛盾纠纷化解机制。完善诉讼调解工作机制，引进非诉讼纠纷归置方法，促进和解、公证以及行政复议等非诉讼纠纷的解决。三是出台软法治理的政策文件或相关规划。发挥软法的作用，同时强化法律法规和公序良俗在公共生活中的作用，将自治、法治和德治有机结合起来。

二、市域社会治理现代化法治保障存在的问题

分析我国各地市域社会治理现代化法治保障的实践情况，结合已有研究，不难发现我国市域社会治理现代化法治保障存在一些问题，比如法律体系缺乏、公平正义未得到保障、法律服务质量不高、法治保障机制不健全。

（一）法律体系缺乏

市域社会治理处于基层治理与国家治理的中间位置，决定了它具有不同于国家治理与基层治理的特质，弥补了我国以往在国家治理体系和治理能力现代化、推进全面依法治国等方面在市域层面的空白。市域社会治理拥有较为完整的进行法律治理的基础条件。2015年修订的《中华人民共和国立法法》及2018年宪法修正案，已经赋予设区的市人大和政府在社会各个领域的地方立法权，这使得市域拥有从立法、执法、司法到法律监督比较完整的法治体系，这些构成了市域实现法律治理的制度基础。但目前，我国对于市域社会治理还没有明确的法律法规，各地虽然制定了相关法律，但比较零散。在推进市域社会治理现代化的进程中，科学的法律体系不仅是治理的基础，同时也是治理的重要手段。若缺乏规范的法律体系，不仅会延缓治理现代化的进程，也会给市域社会治理增加阻碍。

（二）公平正义未得到保障

公平正义是中国特色社会主义的本质要求，是实现人民对美好生活向往的重要保障。党的十九届六中全会通过的《中共中央关于党的百年奋斗重大成就和历史经验的决议》强调："保障和促进社会公平正义，努力让人民群众在每一项法律制度、每一个执法决定、每一宗司法案件中都感受到公平正义。"[①] 但在市域社会治理过程中，执法、司法上缺乏公正的情况偶有发生。执法方面，一些执法人员法律意识淡薄，没有严格执法，主要表现在：执法程序不规范，如非执法主体参与执法、先办案后立案等；执法人员履职尽责不到位，如关键证据未保存、法律文书制作不规范、对案件处理和犯罪打击不及时等；滥用强制措施限制市民的合法权益，如不按规定告知市民的听证权、不听取陈述与辩解、限制人身自由等。司法方面，法律的实施缺乏公正，主要表现在：司法腐败，如司法人员徇私舞弊、失职渎职、枉法裁判；司法软弱，如不能有效化解纠纷、不能很好维持秩序；司法专横，如剥夺诉讼参与人的合法权益，非法取证、该公开的不公开、忽视程序正义而追求实体正义等。

（三）法律服务质量不高

法律服务是指律师、法律工作者、法律专业人士或相关机构以其法律知识和技能为法人或自然人提高经济效益、排除不法侵害、防范法律风险、维护自身合法权益而提供的专业活动。随着全社会法治意识的提升，群众的法律援助需求也在迅速增加。然而，当前我国从事法律服务的专业力量相对有限，难以满足实际需求。为解决供需矛盾，地方政府、高校主动提供法律援助服务，比如司法局为农民工返岗复工提供法律服务、设置地方志愿者法律服务站、开展律师进社区活动等。虽然法律服务跟上来了，但服务质量堪忧。有的法律援助中心人员配备不足、电话常年打不通、宣传力度不够，有的法律援助人员法律专业知识和素养不高、责任意识不强，甚至给当事人造成了严重的损失，这些都是目前市域社会治理现代化进一步提高的阻碍。

---

① 中共中央关于党的百年奋斗重大成就和历史经验的决议[M]. 北京：人民出版社，2021：42.

(四) 法治保障机制不健全

多元协同治理模式下，政府在社会治理中发挥主导作用，同时，加强对社会的支持培育，发挥社会在自主治理、参与公共服务、协同社会管理等方面的作用。但目前，作为社会主体的公民、社会组织的实际参与度还远远不够，社会协同治理的模式还没有形成。其中一个重要原因是社会协同治理的法治保障机制不健全，致使有的公民认为社会治理是政府的事情与自己无关，不会主动建言献策，只会一味地服从政府部门的指令。社会组织虽数量众多、形式多样，但能力参差不齐、联系不够紧密，且政府与社会组织的权力边界、职能划分不清晰。

第二节　加强市域社会治理现代化法治保障的途径

法治是市域社会治理体系和治理能力的重要依托，指明了全面依法治国对实现市域治理体系系统性、规范性、协调性的保障作用。充分发挥好法治对市域社会治理固根本、稳预期、利长远的作用，能够为推动市域社会治理现代化进程提供坚强保障。

一、加快构建市域社会治理法治体系

法治是治国理政的基本方式，市域社会治理需要在法治层面率先突破。一是构建完备的法律规范体系。设区的市要善于运用地方立法权，坚持科学立法、民主立法、依法立法，制定地方性法规规章。积极发挥市级自主性，体现立法的地方特色，构建以满足人民美好生活需要为目标导向的法治秩序，为化解社会矛盾提供法律依据，为市域发展创造良好的法治环境。二是建设公正权威的法律实施体系。实施体系由依法决策、严格执法、公正司法等构成，是推进市域社会治理法治化的基础要素。针对关系群众利益的重大项目，要落实依法决策机制，防止因决策不当引发社会矛盾。要深入推进市域执法司法规范化，推动程序公开化、裁量标准化、行为规范化，让人民群众感受到公平正义。三是建设有效的法治监督体系。法治监督体系能够约束政府权力、保障人民权利。要结合现代信息技术，构建一体化的市域服务管

理大数据平台,提高法治监督的科学化、智能化、精准化水平。要打破区域层级界限,构建上下贯通的法治监督体系。对群众痛恨的滥用职权、徇私舞弊、贪赃枉法等问题加强监督,建立健全立体化、全天候的市域法治监督网络。四是建立完备的法治化评价体系。评价体系用于考评市域社会治理法治化发展状况。这个体系包括立法评价指标体系、执法效率与公平评价指标体系、司法公正评价指标体系、民众法治观念评价指标体系、社会满意度调查评价指标体系等方面。通过这些评价体系,可以对市域社会治理法治化的状况进行动态观察。

二、注重权力监督及干部专业化水平

党的十八大以来,习近平总书记多次强调要"健全权力运行制约和监督体系"①,加强对权力运行的制约和监督,从根本上有效遏制权力滥用和腐败现象,保证人民赋予的权力真正用来为人民谋利益。就市域社会治理而言,提高治理参与者的专业化水平,是推进市域社会治理体系和治理能力现代化的题中应有之义。

(一)加强对权力运行的制约和监督

党和国家监督体系是党在长期执政条件下实现自我净化、自我完善、自我革新、自我提高的重要制度保障。党的十八大以来,以习近平同志为核心的党中央把制约和监督权力作为保持党的肌体健康的重要保障,以党内监督带动促进其他监督,走出了一条中国特色的监督之路。在市域社会治理中,针对政府不作为以及行政机关乱作为的现象,急需加强对政府权力的监察监督,主要包括以下几个方面:一是坚持和完善市域政府监督制度。这是市域社会治理体系和治理能力现代化的重要内容和重要保障。首先是加强各级人民代表大会及其常委会对政府权力的监督。《中华人民共和国宪法》明确规定,人民代表大会监督权具有最高的法律效力。这是对执法机关的行政行为进行监督的最权威手段,有利于政府决策在市域社会治理中更加科学民主。其次是法院加强对行政行为合法性的监督。设立专门的行政法院,扩大行政诉讼受理范围。行政诉讼的受理范围广泛,对行政许可、行政裁决、行政合同等行政行为不满意的公民都可以发起行政诉讼。这不仅可加强对公民权利

---

① 习近平. 习近平谈治国理政:第1卷[M]. 北京:外文出版社,2018:388.

的保护，而且还可加强司法机关和人民群众对政府行政行为的监督，有效地保证行政主体做出行政行为的合法性和合理性，保护当事人的权利。最后是完善政府内部监督机制。划清权力边界，厘清权力清单，明确什么权能用、什么权不能用，强化权力流程控制，压缩自由裁量空间，杜绝各种暗箱操作，把权力运行置于党组织和人民群众监督之下，及时惩处公务人员的不当行为。二是合理配置宏观管理部门职能。推进市域社会治理体系和治理能力现代化，离不开科学有效的宏观管理。改进中央与地方之间以及地方各级政府、行政机关之间的权力分配，设置科学、完备的决议体例。制止因为政府权力过大而出现的胡乱作为，且要防止由于各级政府之间权力和职责不明确而引起的懒政、虚假行为。要勇于将权力清单晒出来，置于阳光下，确保各种权力运行规范、有序，使决策更加科学、执行更加高效、监督更加有力，从而有效防止因权力过分集中而滋生腐败。

（二）提高干部的专业化水平

"为政之要，惟在得人。"[①] 市域层级处在服务群众的前沿，群众对美好生活的追求和期望丰富而多元，需要数量充足、专业对口的人才队伍去推动。在选好配强干部队伍的基础上，需把握好政治过硬与本领高强的关系。政治过硬是干部队伍专业化的前提，专业化是政治过硬的内在要求。把旗帜鲜明讲政治贯穿干部培养使用、专业化能力建设全过程，同时不断提升干部的专业化水平，包括专业知识、专业思维、专业方法、专业能力、专业精神等。一是组织培训。干部专业化能力的提升，既靠个人努力，也靠组织培养。通过线上、线下平台增强干部的本领和能力，加大专业化培训频度和深度，加快专业知识更新步伐。二是实践锻炼。知识化不等于专业化，实践才是提升专业化能力的最有效途径。把改革发展主战场、重点工作第一线、服务群众最前沿作为干部培养最好的课堂，舍得把有发展潜力的专业干部放到一线，在解决实际问题过程中提升专业能力。三是学思践悟。获取经验、把握规律、提升能力，需要领导干部多思多想多悟、经常总结梳理提升。倡导"踱方步""冷思考"工作法，引导干部经常仰头看看"天花板"，既干工作又谋思路，把专业知识、专业能力转化为推动工作的具体思路和实际成效。建设人民满意的服务型政府，需要公职人员树立全心全意为人民服务的意识，提高专业化水平，提升工作效率和质量，树立政府在公民中的威信，增

---

① 吴兢，谢保成. 贞观政要集校 [M]. 北京：中华书局，2003：383.

强公民对政府部门的支持和信任,从而形成公民与政府之间的良性互动。

三、坚持以人为本及优化营商环境

市域社会治理现代化要坚持以人为本,以解决市域内影响国家安全、社会安定、人民安宁的突出问题为着力点,提高市域社会治理现代化水平,增强人民群众的获得感、幸福感、安全感。同时,要以"放管服"改革为主体内容,更好优化法治化营商环境,这是实现市域社会治理现代化的内在要求和重要手段。

(一)坚持以人为本的原则

以人为本,深刻回答了全面依法治国为了谁、依靠谁的问题。以法治为保障推进市域社会治理现代化,必须深刻把握坚持以人民为中心的丰富理论内涵。一是要顺应人民期盼。坚持以人为本,就要以人民为中心,增强宗旨意识,强化服务理念,在法治轨道上解决社会矛盾纠纷,努力解决人们最关心的住房医疗、教育就业、出行安全、公共卫生等问题,不断满足人民群众对美好生活的向往。因此,必须广泛倾听人民群众意见,深入一线了解实际情况、了解人民群众所思所想所盼,民众有需求,我们就有回应,使市域社会治理在法治保障下充分体现人民的意志。二是要维护人民利益。中国共产党人的初心和使命是为中国人民谋幸福、为中华民族谋复兴,市域社会治理的目的就是践行初心和使命。我们党领导人民仅仅用了几十年时间就走完了发达国家几百年走过的工业化历程,创造了经济快速发展和社会长期稳定两大奇迹。其中一个重要原因就在于我们党始终坚持以人民为中心,促进社会公平正义、增进人民福祉。推进市域社会治理必须坚持以人为本,在解决社会矛盾、维护群众权益上增强法律的权威,建立健全社会矛盾预警机制,开通利益表达、协商沟通、救济协助的法律渠道,维护人民群众的利益。三是要紧紧依靠人民。人民权益要靠法律保障,法律权威要靠人民维护。推进市域社会治理,必须把坚持以人民为中心的发展思想贯穿立法、执法、司法、守法各个环节。坚持和发展新时代"枫桥经验",使政治、自治、法治、德治、智治实现"五治融合",充分调动人民群众的积极性、主动性、创造性,确保人民群众在法治的轨道上安居乐业。

法治建设必须顺应人民期盼、维护人民利益、紧紧依靠人民,虽然法律规定是死板的,但是,法治工作必须在人民心中"活"起来,让人民感受到温暖人心的法律服务。我们必须坚定不移地坚持依法严打的态度,深入开展打击犯罪专项行动,用铁拳纠正未完全解决的社会治安问题,并竭尽全力处理好盗窃、抢劫、欺诈,食品、药品、环境安全等民生案件,努力使人们的生产更加安心、生活更加放心。继续开展执法行动,完善执行联动工作机制,依法保护当事人的合法权益。完善公共法律服务体系,为人们提供法律援助和司法协助,提高服务效率。

(二)运用法治方式优化营商环境

营商环境是一个地区对外加强沟通与联系、开展互动与交流、参与竞争与合作的重要依托,也是一个地区文明程度的重要标志。习近平总书记指出:"法治是最好的营商环境。"[①] 没有法治的保驾护航,市场主体的平等参与和交易自由就难以保证,市场主体的活力也很难被激发,市域经济高质量发展也就无从谈起。在营商环境方面,我国已初步形成了以《优化营商环境条例》为核心,不同部门法的相关规定为补充,地方优化营商环境的专门性立法为枝干的制度体系。在司法执法过程中,真诚做事、以理服人、规范扣押涉案财产,防止经济纠纷中的刑事司法干预,提防执法不当影响企业的日常生产活动,增强企业家的投资信心。

营商环境是市场经济的培育之土,是市场主体的生命之氧,我们必须保持战略定力,以法治护航,持续不断优化营商环境。一方面,要继续深化"放管服"改革,进一步推动简政放权、放管结合、优化服务,厘清政府和市场的边界;另一方面,不断完善法治保障体系,优化法律制度体系内部之间的协调和衔接,将法律对营商环境优化的保障作用落到实处。用改革破除体制机制积弊,用法治方式固化好经验、好做法,稳定市场预期、提振发展信心,不断激发内生动力和创新活力。

四、构建法治化的保障体系

加快构建市域社会治理法治化保障体系,在法治轨道上统筹社会力量、平衡社会利益、调节社会关系、规范社会行为、防范社会风险、化解社会矛盾,是推进市域社会治理现代化的基础,是时代对法治现代化提出的崭新

---

① 中共中央党史和文献研究院. 十九大以来重要文献选编:上[M]. 北京:中央文献出版社,2019:872.

命题。

(一) 构建法治规则保障体系

规则主要是以法律法规为核心的一系列制度机制,不仅是社会治理的合法性来源,也是增强社会治理权威性和公信力的重要保障。一是健全地方立法保障体系。地方立法可以有针对性地解决市域社会治理中的问题,为依法治理提供支撑和保障。充分发挥市域立法的实施性、补充性、探索性优势,围绕市域重点领域,积极开展立法工作,把解决治理难题纳入法治轨道。二是健全制度机制保障体系。在市域社会治理中,制度机制还不健全,漏管失控、责任不清、合力不强等问题不同程度存在。要进一步建立保障性机制,推动市域社会治理制度化、规范化。三是健全社会规范保障体系。我国很多风俗习惯、村规民约等社会规范具有深厚的文化基因和民意基础,要将其上升为制度规范,构建多层次的社会规范体系,充分发挥社会规范在社会治理中的作用。

(二) 构建法治实施保障体系

法律制定须与法律实施有机衔接,才能充分发挥法治保障的作用。一要坚持民主决策。对涉及群众切身利益的重大决策、重大项目,要严格执行合法性审查、专家论证、公众参与、风险评估等法定程序,有效防止损害群众利益和引发社会矛盾的事件出现。二要坚持严格依法行政。当前有法不依、执法不严、违法不究等问题在一定程度上存在,要以加强执法治理监督为重点,深入推进执法规范化建设,做到执法队伍专业化、执法裁量标准化、执法程序公开化、执法管理系统化、执法监督信息化。三要坚持公正廉洁司法。当前,一些司法人员在办金钱案、关系案、人情案时廉洁问题时有发生,要深入推进司法责任改革,不断提高司法质量和效率,让人民群众在每一个司法案件中都感受到公平正义。

(三) 构建法治文化保障体系

法治文化建设是法治社会建设的有机组成部分,营造一个全社会都讲法、守法的社会主义法治文化环境尤为重要。一要推动法治意识成为信仰。要抓住领导干部这个"关键少数",通过组织旁听法院庭审为全民上好法治教育公开课,使人民树立法治意识,培育法治信仰。二要推动法治文化蔚然成风。结合地域文化,创作更多法治文化作品,组织丰富多彩的法治文化活动，讲好法治故事。三要推动法治德治相辅相成。法律的有效实施有赖于道德支撑，道德的践行也离不开法律约束，社会治理需要法律和道德共同发挥作用。

（四）构建法治推进保障体系

市域社会治理法治化是一个复杂的系统工程，需要强有力的政治保障。一要完善落实党的领导工作机制。只有坚持党的领导，法治工作才能有序推进，进一步增强"四个意识"、坚定"四个自信"、践行"两个维护"，把党的领导贯彻市域社会治理法治化的全过程和各方面，确保党领导立法、保证执法、支持司法、带头守法落到实处，保证社会治理始终沿着正确的方向前进。二要完善落实法治责任工作机制。社会治理法治化任务繁重，各级党委、政府主要领导要认真履行职责，坚持在法治轨道上推进社会治理，督促各级领导干部在法治之下，而不是在法治之外，更不是在法治之上想问题、做决策。三要完善落实督查问责工作机制。进一步完善市域社会治理法治化督查督导机制，定期对各级领导干部责任落实情况进行督查，确保各项工作落到实处。探索建立领导干部法治工作实绩档案，把社会治理法治化作为党政综合考核的重要内容。

第七章 市域社会治理现代化的目标

加快推进市域社会治理现代化，不仅是推进国家治理体系和治理能力现代化的重点领域和实现基层社会治理现代化的重要抓手，还是开展平安建设、实现智慧治理、促进社会和谐、提升全民幸福指数的必然要求。

第一节 推进平安建设，保障公共安全与社会稳定

党的十九届六中全会通过的《中共中央关于党的百年奋斗重大成就和历史经验的决议》充分肯定了党着眼于国家长治久安、人民安居乐业，建设更高水平的平安中国取得的成效。一百多年以来，中国共产党始终把保持社会平安稳定作为治国理政的重大任务，在不同历史时期作出一系列重大决策部署、采取一系列有力措施。特别是党的十八大以来，党中央高度重视平安中国建设，习近平总书记多次作出重要指示，明确提出要努力建设更高水平的平安中国。

一、市域社会治理现代化下的平安建设理论

党的十八大以来，以习近平同志为核心的党中央把平安中国建设放在中国特色社会主义事业发展全局中谋划推进，市域社会治理现代化试点深入推进，风险防控水平稳步提升，影响国家安全和社会稳定的突出问题得到有效解决。社会治理社会化、法治化、智能化、专业化水平大幅度提升，人民的获得感、幸福感、安全感更加充实、更有保障、更可持续。2021年，人民

群众对平安建设的满意度达 98.62%，同比 2020 年上升 0.22%[①]，展示了"中国之治"的巨大优势。如今，为实现第二个百年奋斗目标，建设更高水平的平安中国、保持社会长期稳定，不断彰显"中国之治"新优势，提高社会治理现代化水平，要认真谋划推进下列各项工作。

首先，强化市域层级的顶层设计和部署。在平安中国建设的过程中，国家和省级层面对平安中国建设更多的是方向性、政策性的指引，由于地区差异，顶层设计也不是很具体、可操作。而县域层级党委政府的掌控能力、资源整合能力稍弱。综合而言，市域是实施推进平安中国建设最合适的层级。国家相继出台了相关文件，对市域社会治理作出部署，要求充分发挥市域在制度建设、资源统筹、手段方法、技术支撑等方面的独特优势，做好顶层设计、政策制定、组织推动等工作，探索具有中国特色、市域特点、时代特征、治理特性的社会治理新路子。

其次，加强协调联动和统筹合作。发挥党委政法委在平安建设中的牵头抓总、统筹协调、督办落实等作用，调动各部门参与市域社会治理的积极性，实现全盘统筹协调、互联整合，实现资源整合共享、信息互联互通。同时，充分发挥"智治支撑"作用，为平安建设智慧化赋能。构建融会贯通的市域数据共享体系，推进跨部门、跨层级、跨领域信息互联互通，稳步推动公共信息资源开放。构建精准高效的市域风险防控体系，构建以数据为核心、业务为牵引、决策为目标的信息数据资源池，为风险"精准画像"，确保见事早、看得准、下手先。构建持续优化的市域服务供给体系，普及智能化服务供给，全面开展"互联网+市域政务服务"，深入推动"一次办""网上办""刷脸办"。

最后，夯实网格力量。近年来，部分示范城市通过深耕网格阵地实体化、网格队伍专职化、网格流程信息化、网格主业重点化、网格联动社会化"五化"建设，进一步推动全市基层社会治理现代化。其中网格主业重点化尤为突出，常态化深入开展网格安全稳定隐患大排查，实现"网格+警格"的有机融合。加强重点人员防控管护，实时掌握网格内涉毒人员、刑释解教人员、参与邪教人员、严重精神障碍患者等各类重点人员的动态，发现苗头及时上报相关责任部门。对此类重点人员在思想疏导、回归社会、就业保障

[①] 法治网. 98.62%！人民群众对平安建设满意度再创新高[EB/OL]. (2022-02-19)[2023-07-24]. http://www.legaldaily.com.cn/index_article/content/2022-02/19/content_8675593.htm.

等方面全面落实"四帮一"帮扶。切实加强婚姻家庭、邻里关系、土地资源权属等民间纠纷的梳理排查,最大限度地防范"民转刑"案发生。重点排查劳资、涉军、拆迁、金融等领域矛盾风险,做好相关政策宣传和教育稳控工作。广泛开展形式多样的群防群治、治安巡防活动,协助做好"扫黑除恶"线索摸排和日常宣传;全面加强出租房屋和流动人口信息登记采集,推动"群租房"、违法违规出租房屋行为等突出问题集中整治,突出城乡接合部、城中村、案件高发部位、娱乐场所等治安重点地区网格的排查整治,有效防范重大恶性刑事案(事)件的发生。网格主业化进一步明确了网格存在的价值,必要时实现网格重构,确保各网格大小平衡、容量适度、界限明晰、便于治理,打破原来"九龙治水"的格局,网格间无真空地带,责任更加明确、管理更加科学,确保每一项任务都有人落实。制定规范性文件,将网格化服务管理工作纳入制度范畴,有利于网格运行更加规范,有利于提高基层社会治理的法治化水平。

市域社会范围内的风险并不总是内嵌于一个行政单元,它的发生地点、影响范围并不局限在固定区域,还可能超越特定的行政边界,向其他区域溢出,加剧了风险蔓延和扩散的可能性。因此,平安建设应当实现市域间合作,做到不留风险死角、不留责任真空。例如,上海市金山区与浙江嘉兴的平湖市、嘉善县地理位置毗邻。自2016年以来,三地经过不断创新探索和总结提炼,逐渐形成了以打破区划界限和行政壁垒为指向,以党建引领为核心,以整合资源优势互补为路径,以实现区域协调发展为目标的"毗邻党建"新模式。"双委员制"是沪浙毗邻地区干部交叉任职的探索突破,也是"毗邻党建"、干部共育的全新举措。实行双委员制,探索"双线工作法",即结对村党组织委员相互交叉任职,突破行政边界,提高处理毗邻地区事务的速度、质量和水平。如今,在上海市金山区枫泾镇,已有7个村与浙江省境内的7个毗邻村结对,其中,金山枫泾镇与嘉善姚庄镇、经济技术开发区(惠民街道)、新埭镇形成"四方联盟党建一体"的毗邻区域化大党建格局。随着互动合作,"双委员制"不断完善提升,在共过组织生活、协作服务群众的基础上,确立了研学一个好经验、提供一个好点子、完成一个好项目的"三个一"目标,实现毗邻边界全覆盖,保证管理不留白。例如,上海金山枫泾镇新元村与浙江嘉善姚庄镇展丰村,一水相隔,一桥相连。在新型冠状病毒疫情防控中,两个村庄积极开展联防联控,商议后决定在桥中间设置隔离网,严控人员往来,阻断疫情传播。又例如,"鸡鸣三省"(云南省镇雄县和威信县、四川省叙永县、贵州省毕节市七星关区)位于黔、川、滇三省交界处，这些地带因一段时间存在管辖漏洞，形成管控真空、治理盲区，易滋生违法犯罪，陷入秩序混乱的境地，从而严重影响社会稳定。一些地区为了促成更大区域的联动发展，与毗邻城市进行了长达数十年的平安共建，由辖区平安到边际平安，促进区域平安，打造稳定有序、安全和谐的基层环境，当地社会治安持续向好，群众获得感、幸福感、安全感显著提升，真正实现了省域有界、平安无界的共建格局。这是在没有上级参与的情况下，为了发展和平安，打破行政壁垒，自发以约定的方式进行的平安共建，进一步贯彻大平安观、实现更高层次的大平安建设，为探索市域间平安共建甚至省域间平安共建提供了可供借鉴的经验。

二、市域社会治理现代化下的平安建设实践

推动平安建设需要顶层设计，更需要地方的不断探索。例如，重庆为更好统筹发展和安全，全力以赴防风险、保安全、护稳定、助发展，夯实平安稳定基石，推动市域社会治理体系和治理能力现代化，有效防范化解重大风险，有力地维护了全市政治社会持续稳定。具体实践包括以下几个方面。

实行"三大治理"。一是加强全周期动态治理。强化源头防控，不断增强预测预警预防能力。强化过程把控，实现从源头到末梢的全程治理。强化应急管控，推动问题在第一时间解决、事态在第一环节控制。二是加强全方位依法治理。坚持保障合法权益和打击违法犯罪两手硬，加强法治宣传教育，做好民法典实施工作，引导人民群众依法保护自身权益。三是加强全要素智慧治理。应用好智博会成果，推动大数据、云计算、人工智能等科技手段与平安建设深度融合，推进智慧政法、智慧信访建设，总结推广"网上办""掌上办""刷脸办"等经验，为人民群众提供个性化、多样化、精细化公共服务。

夯实基层基础。一是完善现代市域社会治理体系。构建权责清晰、运行顺畅、充满活力的市域社会治理工作体系，推进重庆高效能治理迈上新台阶。坚持党建引领，加强各级综治中心标准化、实体化建设，加强乡镇（街道）平安办、派出所、检察室、人民法庭、司法所、信访等基层单位建设，提升实战能力；深入开展岗位培训和实战锻炼，让广大政法维稳干部熟练掌握岗位技能，大力提高政治能力、改革攻坚能力、依法办事能力、群众工作能力、应急处突能力。二是构建党建统领的基层智治系统。坚持党的统一领导，建强基层党组织，提高基层整体智治水平。信息化、智能化是市域社会

治理的重要途径。通过体系架构、运行机制和工作流程的智能重构，可以有效解决防范化解社会危机、协调网络运行能力不足等问题，以信息化和智能化推进市域社会治理方式现代化。三是健全市域社会治理工作体系。坚持条抓块统，突出权责清晰、扁平一体，建立党建统领、经济生态、平安法治、公共服务四大基层治理工作体系，承接落实好基层治理各领域各环节业务工作。四是发挥网格作用。深入推进城乡社区网格化服务管理精细化，统一网格划分标准，强化网格管理服务，优化配置网格力量，充分发挥网格在化解矛盾、维护稳定、服务群众中的兜底功能。

目前，重庆把平安建设作为"一把手"工程，深化除险清患，夯实基层基础，实现维稳保平安向法治创平安、面上静态平安向本质动态平安、一时一域平安向全域全程平安的根本性转变，着力打造更高水平的平安中国建设西部先行区，努力夺取平安重庆建设的高分报表，为新时代新征程新重庆建设营造安全稳定的社会环境。

第二节 更新要素结构，实现智慧治理

加强社会治理数字化智能化水平是"十四五"时期加快数字化发展的重要指向之一，意味着智慧治理是推进社会治理体系和治理能力现代化的必然要求。智慧治理实现了数字化、网络化、智能化、互联化的深度融合，已突破了单纯科技层面的创新，最终目标是构建一个更具包容开放、透明服务、责任高效的政府。

一、智慧治理有利于构建协同治理机制

在我国历史上，"大一统"是国家治理的目标方向，郡县体制是中央集权治理体系的行政区划基础，由中央将全国划分为若干层级不同的行政区划进行管理。新中国成立后，随着国家职能的扩大，政权不断拓宽，我国日渐形成超大规模的科层制治理体系。科层制也称"官僚制"，是一种理性化的管理组织结构，它必须遵循一套特定的规则与程序，有明确的权威登记，权责自上而下传递。改革开放以后，城镇人口的快速流动引发诸如城市居民多元化、社会层级复杂化和利益诉求多样化等一系列社会问题，急需构建新型

城市治理体系，形成在党的统一领导下政府、市场、社会、群众多元参与的协作治理网络，政府从管理者角色向服务者角色转变。党的十九大报告提出，"统筹推进'五位一体'总体布局，协调推进'四个全面'战略布局"[1]，更加明确新时代我国政府治理就是要形成"共建共治共享"的社会治理格局。党的二十大强调："完善社会治理体系。健全共建共治共享的社会治理制度，提升社会治理效能。"[2] 在流动社会背景下，智慧治理首先体现的是回应多元化诉求，包容冲突，通过技术的流程再造使"官僚化"的治理体系朝"扁平化"方向发展，形成"政府引导、市场运作、政社互动、居民参与"的治理模式，实现民主与集中、效率与公平、专业性与协同性、稳定性和灵活性、参与性和回应性、科学化和人性化、工具价值和人文价值等协调统一、相互交融，最终实现社会的共享和共建。

人民群众是历史发展和社会进步的主体力量。从社会微观探究，社会治理是对人的活动的治理，社会治理的目标是落实以人民为中心的发展思想。一方面，智慧治理要坚持以群众需求为导向。"智慧治理"所做的一切都是以人为本，重"智慧"也重"温度"。社区智慧治理工程建设要与社区居民需求对接起来，坚决杜绝脱离居民现实生活需要的软件设置和硬件设施建设。评价社区智慧治理工作做得好不好，不是看建了什么设施设备、建了多少，而是看居民的生活品质改善了没有、群众满意不满意。同时，提高各级领导干部尤其是基层干部对智慧技术、社区智慧治理的认识。通过培训、在线学习、参观考察等方式，促使社区工作人员、基层干部等在掌握人工智能、大数据、算法知识的基础上，提高数据思维和数据分析能力，在社区工作中更好地将这些技术和技能用于服务居民，改善社区生活品质。另外，努力提升社区居民使用数字技术的能力和水平。通过社区培训、社区参与、专业志愿者协助等途径促使社区居民更好掌握和利用各种数字平台、数字基础设施，提高解决自身问题的能力和水平。在当前，要通过社区培训帮助老年人使用好各种数字工具，消除数字鸿沟。另一方面，智慧治理要自觉地依靠人民群众来推进。运用信息化、网络化、智能化的高新技术来加强和完善社会治理，不能依赖高新技术而忽略了人的作用。事实上，我们注意到，在运用高新技术加强和完善社会治理的同时，"社会治理"的内涵和外延也发生

---

[1] 习近平. 决胜全面建成小康社会 夺取新时代中国特色社会主义伟大胜利——在中国共产党第十九次全国代表大会上的报告 [M]. 北京：人民出版社，2017：20.
[2] 习近平. 高举中国特色社会主义伟大旗帜 为全面建设社会主义现代化国家而团结奋斗——在中国共产党第二十次全国代表大会上的报告 [M]. 北京：人民出版社，2022：54.

了很大变化。过去,"社会管理""社会治理"主要是街道、居委会对居民及其居住地的管理或治理。现在,"社会治理"的主体已经多元化,除了基层党组织和居民自治组织,城乡居民已经成为社会治理的主体,他们通过协商民主把自治、法治、德治有机结合起来,把自己的生活管理得井井有条。与此同时,"社会治理"的客体也走向多样化,不仅要处理人与人之间的关系,还要让人与自然和谐相处;不仅要保障社区内人民群众美好幸福的生活,还要承担维护社会稳定的工作。在智慧治理中,政府的中心地位开始转移,控制权在治理中淡化,公民和相关利益主体在治理中的功能更加凸显。

长期以来,在我国市域社会治理实践中,存在信息碎片化的问题,数据壁垒与治理智能化的要求不匹配、部门之间协同性不足、条块分割严重。由于政府职能部门长期以来依赖传统行政管理思维,依靠行政命令管理社会事务,一些部门领导和工作人员在市域社会治理中运用数字化、网络化、智能化手段加强基层治理的自觉意识不强、科技观念欠缺。

智慧治理通过数字技术的嵌入,延伸纵向的治理链条,同时打通横向职能部门,从而改善管理场域中条块分割、各自为政的现象,提升治理的精细化水平。具体体现在两个方面:一方面,建立市域范围的相关信息数据共享平台。避免"信息孤岛""信息壁垒"和信息重复建设现象的出现,通过广泛应用信息数据和网络技术,加快实现政府职能的数据化、互联化、移动化,推动组织结构走向网络化和扁平化,实现信息整合、资源共享和效能提升,提高市域社会治理和服务的精确性和便利性。另一方面,在促进协商和合作的基础上提升治理效率和质量。传统的管理机制在操作层面长期缺乏高效的实践保障,部门之间、部门与公众之间在彼此沟通、协调、整合的过程中消耗大量的时间、精力和成本。智慧治理在信息搜集、整理、运用方面可依据不同类别、不同层次,将原本离散、多元、异质的信息资源优化整合,最终形成有序的、效能更高的信息资源体系,使资源的利用和配置更加先进,供给的方式、对象更加具体,在公平和效率上都得到保证。

二、智慧治理有利于实现技术与制度的叠加效应

智慧治理是新一代信息技术革命的产物,但不是实体政府的技术化加持,而是系统性的全方位变革。目前,在智慧治理过程中,部分领域存在技术与制度"两张皮"现象,影响了治理效能的提升。智慧治理不是简单地把数字化、网络化、智能化应用场景叠加到现有的体制机制上,而是坚持全局

性谋划、系统性布局、协同性推进，正确处理技术创新与制度创新的关系，以技术创新倒逼深层次系统性改革，实现政府组织架构、治理方式、服务模式的革命性重塑，重点打造整体化、扁平化、平台化政府。

近年来，一些示范城市以网格化服务管理作为智慧治理的核心，已经形成一套较为完整、成熟的基层治理体系，将市域范围划分为多个网格，基本实现网格事件登记、调度派遣、事件处理、跟踪回访、评价结案"五步闭环"管理，快速响应群众诉求，把工作落实到网格，把问题解决在一线。以广州市越秀区为例，主要表现在以下两个方面：一是升级打造区级综合指挥调度平台。由区政务服务数据管理局牵头，依托原有网格化服务管理系统的功能优势，融入应急、城市管理、12345政府服务热线等数据，打造集调度、协调、监督、评价功能于一体的区级平台；在区政府办公室新设网格化服务管理科，下设区城市运行综合指挥中心并将其作为副处级机构负责指挥调度，实现街道指挥中心实体化全面覆盖。二是建立"网格联通、条块联动"呼应机制。围绕综合管理、重点工作、重点项目、应急处置四项呼应事项清单，梳理街道职责权限，明确部门响应处置职责和流程，构建"区—街—社区—网格"四级响应机制。对与居民群众密切相关的民生事项实施"接诉即办、限时办结"，做到第一时间响应、第一时间研判处理、第一时间办结反馈。

技术与制度不是单向决定关系，也不是简单的相互决定关系，而是一种协同演化。技术进步的速度和特征受到支撑它的制度结构的影响，制度创新也是以新技术在社会治理体系中是否和怎样被接受为条件，二者处在不断的协同演化中。依托信息技术平台的网格化管理系统，通过"技术刚性"，构造一种可视化的治理信息系统，能够将部门信息集成到信息平台，打破原来部门机构对信息的垄断与封闭，以缩小制度体系信息流和信息的对称性差距，实现现代信息技术和制度改革的叠加效应。

如扬州市江都区特别注意强化信息技术和制度改革的叠加效应。十二年磨一剑，2017年9月19日成功捧回全国综治工作最高奖——"长安杯"。江都区坚持以科技支撑为着力点，系统构建"1+N"智慧治理大数据平台，全力实施大数据汇集、智能化运行、惠民生发展"三步战略"，探索出一条具有江都特点、区域特色的社会治理新路径。首先，突出高位谋划，放眼全国寻求与顶尖龙头企业合作。选定世界500强企业中国航天科技集团第五研究院开展共建，充分利用该院院士专家学者多的人才优势、智慧城市建设实践的经验优势、航天系统领先完善的天地空一体化优势，大型复杂工程组织管理的方法论优势以及多学科融合、信息安全优势,搭建了1个信息聚合共享服务(CIG)和N个重点领域的"1+N"网格化社会治理应用平台。其次,在功能设置上"接地气",突出"优政、兴业、惠民"的目标导向。围绕打造社会治理"江都样本"需求,出台《关于开展"1+N"系统平台升级改造的方案》,推动系统平台2.0版升级改造,新增无形资产管理、企业价值评估、智慧交通、智慧校园、智慧运管、智慧工地等更多功能,进一步提升区域社会治理现代化水平。最后,在数据整合上"破壁垒",提升大数据的服务和保障能力。江都区突出数据鲜活度是系统运行"生命"的理念,多元化对接各部门业务系统的数据资源,加快感知数据、政务数据、社会数据等各类数据资源的整合、开发和利用,建立人口、法人、电子证照、空间地理等主题库,对接省市11个部门34类数据,形成信息聚合共享服务平台、物联网统一接入平台和视频汇聚分析平台"三大平台"的数据共享应用。

加强基层智慧治理能力,要加强技术集成的标准化、规范化建设,创新跨部门和跨层级的数据交换和信息共享机制,拓展数据技术应用的治理场景;要制定智慧治理规划考核制度体系,针对本地社会治理中的结构性问题,结合"自治""法治""德治"及其相互融合的基础和实际,因地制宜确定各地智慧治理的建设重点与考核指标,有效改变当前"智慧治理"重技术、轻制度,重标准、轻特色,重投入、轻应用,重形式、轻效果的现象,切实提升基层治理的智慧效能。

三、智慧治理有利于区域要素流动一体化

智慧治理更多关注的是上级机关部署的任务,对社区居民事务组织与回应的调动、激励能力不足,向社区赋权增能的效果非常有限。上级行政机关下达的命令、任务、数据、报表等信息逐级分解到市域层级,市域相关单位只能单向度、机械性地进行治理。智慧治理能够提升问题的发现能力,但是目前对问题的处理能力还相对欠缺。

目前,不同层级政府间和各职能部门间的信息壁垒依然存在。综治办负责社会治安综合治理的组织、管理、协调工作,但现实中主要责任部门单打独斗,基层党建、宣传教育、司法行政、综治维稳等工作或多或少没有真正融入智慧综合治理平台,平台成为信息孤岛,跨区域、跨部门、跨层级的互联互通、融合共享的基础信息数据库和数据共享平台的标准化建设有待进一

步完善，人、地、物、事、组织等基础信息重复采集的问题尚待解决。规范基层数据采集、回馈、管理、使用的责任和权限，在标准化和安全性的前提下合理调用和反馈基层数据用于社会治理。基于部门利益的多样化，在一定程度上会造成平台之间不兼容、信息不能共享等问题，进而影响信息互联、共享与协同的功效。

针对当前市域智慧治理的实际，为提升智慧治理效能需要从以下方面着手：一要注重顶层设计，强化部门协同。建立健全市域智慧治理跨部门协调机制或者联席会议，突破区域、部门和层级限制，整合共享数据资源，实现"条线内部门共享"—"平级跨部门共享"—"跨层级和跨区域共享"三个技术难度逐级提升，建立对外一体化信息共享平台。二要注重建章立制，强化规范管理。充分考虑本区域智慧治理建设进程，以法律法规形式推动智慧城市建设，明确政府、企业、社会组织、个人在治理过程中的权责范围，实现治理规范化；构建智慧信息安全保障机制，保障智慧治理效能正常发挥。三要深化数据应用，促进智慧决策。加强与高校院所、科研机构合作，实现非涉密数据资源共享，发挥科研机构研究优势与人才优势，对市域社会治理进行专题性分析研究，为政府决策提供依据，提升决策科学化水平。四要加强多元协商，增强治理效果。以智慧治理 APP 开发为契机，重视与企业、社会组织、公众互动的平台建设，搭建问题快速反馈通道，提升社会对此类治理 APP 的认可程度；建立问题反馈奖励制度，提升公众参与城市治理积极性，使智慧治理成果惠及群众。

系统建设是实现智慧治理的重要因素，着眼于区域要素流动一体化。在宏观层面，出台数字化服务体系建设方案和文件，推进市域公共服务重点领域、重点事项的跨域办、指尖办，强化数据整合、功能拓展，以科技支撑提升社会治理效能。在中观层面，汇聚市域相关部门不同类别的数据，建立人口、法人、电子证照、空间地理等主题库，并对接其他部门的数据，形成信息聚合共享服务平台、物联网统一接入平台和视频汇聚分析平台等数据共享应用，打通部门之间、条块之间的数据壁垒，全面提升大数据的服务和保障能力。在微观层面，健全数字政府各级区域协同机制，全面提升数字政府运营能力，可建立智慧城市运营中心，实现智慧指挥调度、预警研判等功能，充分发挥中枢指挥功能。

在社区开展智慧治理，用科技打通社区治理"最后一公里"，以数据传输民主共治的核心理念。引导居民使用小程序等居民在线平台，通过事务公开、议事、反馈、监督、社区规约等功能模块参与治理，由网格员收集议题,通过线上程序和网格协商互嵌的方式激活居民的参与度。同时,加强智慧治理单元的联动协作,积极开展"网格+警格""网格+统计""网格+宗教"等多元的"网格+"融合工作。另外,还需要积极探索政社共建模式,主动吸收社会机构参与社会治理工作,引导社会力量共治。培育、扶持、引导社会组织和专业化智库等社会力量,向智慧服务管理领域汇聚;广泛吸收引导基层协管人员、群防群治人员、"五老"乡贤、社会组织成员、各类志愿者等社会力量担任兼职智慧治理成员,共同参与社会治理工作。通过以上方式,解决群众"急难愁盼",打造和谐有序、绿色文明、创新包容、共建共享的新型智慧社区,持续提升居民的获得感、幸福感、安全感。

第三节 建设公民道德素质体系,促进社会和谐稳定

国无德不兴,人无德不立。道德作为一种治理方式自古就存在,德治思想也是在古代很早就产生了,并形成德治传统。德治最早记载在《诗经》中,其中不少诗篇通过赞颂先祖的仪型、圣王的灵光,来表达民众衷心爱戴的情感,蕴含着前代圣贤以德治国的思想。德治并不是不要刑罚,而是强调要积极实施教化,先教后罚,以刑辅德。我们党在治国理政中,一直强调必须坚持依法治国和以德治国相结合,在发挥法治作用的同时,重视发挥道德的教化功能,深化社会主义道德建设,提高全民族道德素质,把国家治理现代化建立在较高的道德水平之上。德治往往具有低成本、潜显结合运行、持续绵久的社会特征,对市域社会治理具有重要意义,能够有效弥补法治的不足,对于化解社会矛盾、促进社会和谐稳定、提升幸福指数具有重要意义。

一、将社会主义核心价值观和中华传统美德融入市域社会治理

现代社会治理模式的治理主体从一元到多元,从以政府作为唯一治理主体转向以政府、市场、企业、社会组织、公民等多元主体共同参与治理的模式,需要多元主体互动合作。只有凝聚治理主体价值共识、激发治理内在活力、统一思想认识、汇聚多方力量、整合社会资源,才能为顺利推进市域社会治理现代化提供动力。

（一）将社会主义核心价值观融入市域社会治理

社会主义核心价值观是新时代全国各族人民共同认同的价值观最大公约数，是社会主义道德的集中体现。在国家治理中发挥德治教化功能，必须建立健全以社会主义核心价值观为内核的德治体系。习近平总书记指出："培育和弘扬核心价值观，有效整合社会意识，是社会系统得以正常运转、社会秩序得以有效维护的重要途径，也是国家治理体系和治理能力的重要方面。"[①] 社会主义核心价值观对于维护社会和谐稳定、国家长治久安具有重要意义。一方面，要构建充分反映中国特色、民族特性、时代特征的核心价值体系和核心价值观，有效整合社会意识，这是社会系统得以正常运转、社会秩序得以有效维护的重要途径，是国家治理体系和治理能力的重要方面。另一方面，把社会主义核心价值观融入社会治理各方面、全过程，要坚持以社会主义核心价值观为统领，加强社会公德、职业道德、家庭美德、个人品德建设，用身边人、身边事传递社会正能量，以榜样力量转化德行，打造具有中国特色、彰显时代精神的德治体系，形成人人讲道德、人人重修养、人人促和谐的社会氛围。要发挥社会、学校、家庭在社会治理中的独特作用，特别是要落实各级学校立德树人的根本任务，加强和创新学校思想道德教育，把传授知识同陶冶情操、养成良好的行为习惯结合起来，培养德智体美劳全面发展的社会主义建设者和接班人。

（二）将中华传统美德融入市域社会治理

中华传统美德融入当代市域社会治理，需要做好道德文化资源的整合、基层干部的道德考评、道德模范的树立等工作。一要整合道德文化资源。市域有自己独特的道德文化资源，具体表现为民居建筑、地方民俗、传统节日、生活样态等，需要尊重并发掘、整理和保护，形成具有地方特色的道德文化体系，以继续发挥其价值塑造、利益调节、矛盾化解等作用。在这个过程中，可以运用现代技术手段，挖掘整理散落在民间的传统美德资源，弘扬中华传统美德，为当代市域社会治理提供精神支持和方向引领。二要完善基层干部的道德评价机制。在市域层级的干部考评体系中增设道德考评内容，加大考评体系中道德文化所占的比重，切实打造一支具有道德引领、行为示范作用的干部队伍，加快市域道德建设。另外，建立对干部的教育监督机

[①] 习近平. 习近平谈治国理政：第1卷［M］. 北京：外文出版社，2018：163.

制，通过经常性教育，把历史和现实中"为政以德"的鲜活事例内化为他们的执政信念，外化为他们的行为指导。同时，还要建立监督机制，使权力的运用合规合理。三要树立道德模范。相对于普通村民而言，道德模范一般具有较高的文化素质、丰富的人生阅历，为广大村民尊重与信赖。他们的价值理念、行为方式、个人修养等对其他人具有较强的示范引领作用。要积极打造道德模范教育平台，不断激发道德模范的道德感和使命感，使其所具有的文化程度较高、思维较开阔、技能较完善、人格较高尚、责任担当意识较强等优势与社会治理的热情结合起来。

二、将道德规范融入市域社会治理

2022年，中央政法委召开了第八次市域社会治理现代化试点工作交流会，中央政法委秘书长陈一新强调，要坚持以习近平新时代中国特色社会主义思想为指导，按照市域社会治理现代化试点分类指导工作意见要求，充分发挥德治教化作用，在全社会形成崇德向善向上的浓厚氛围，增强推进市域社会治理现代化的内生动力。[①] 德治教化就是要围绕市域社会治理的任务，立足政法职能，促进提升公民道德素养，让市域社会治理建立在更高的道德水准上，实现市域"善治"，防范市域矛盾风险。但受国际国内复杂因素的影响，一些人价值观扭曲、道德滑坡，严重影响社会稳定，迫切需要充分发挥德治教化作用，在全社会形成崇德向善向上的浓厚氛围，形成推进市域社会治理现代化的强大内生动力。

德治是国家治理的重要方式，是传统文化精髓的重要标志。推动市域社会治理现代化，需要深刻认识德治的重要作用，借助德治提高公众的道德水平和文化素质。一是德治教化是实现市域"善治"的重要基石。通过学习贯彻习近平新时代中国特色社会主义思想，培育和践行社会主义核心价值观，弘扬中华传统美德、时代新风，提升全民道德素质和社会文明程度，使人们在共同理想信念、价值理念、道德观念上紧密团结在一起，让市域社会治理建立在更高的道德水准上，进一步夯实市域社会治理现代化的道德根基。二是德治教化是培育市域社会治理内生动力的基本途径。尊重人民群众的主体

---

① 陈一新：要在市域社会治理中充分发挥德治教化作用[EB/OL].（2022-06-08）[2023-07-24]. http://www.chinapeace.gov.cn/chinapeace/c100160/2022-06/08/content_12634771.shtml.

地位，激发人们向善的道德意愿、道德情感，培育正确的道德判断和道德责任，提高道德实践能力。在社会公德、职业道德、家庭美德、个人品德建设等方面，深化道德实践养成。通过弘扬道德模范精神，让全社会见贤思齐、崇德向善蔚然成风，让市域社会治理活力竞相迸发、平安建设正能量充分涌流。三是德治教化是防范市域矛盾风险的免疫系统。针对当前存在的拜金主义、享乐主义、极端个人主义等错误思想，损人利己、损公肥私、不讲信用等失德败德问题，通过运用教育、经济、行政和法律等手段，柔性约束与刚性约束协同发力、自律和他律有机结合，对问题苗头及时纠正，对风险隐患综合整治，对违法犯罪依法打击，防止道德滑坡，避免出现社会安全风险隐患，防范市域矛盾风险。

将道德规范融入市域社会治理，需要加强社会公德、职业道德、家庭美德、个人品德等方面的建设。

首先，加强社会公德建设。社会公德是公民在公共生活中应当遵循的基本道德准则，是人类社会文明进步的重要标志。随着市场经济的发展，道德失范现象时有发生，为提升社会整体的公德意识和公德水平，要加强社会公德建设。一要充分发挥市域媒体的影响力，健全媒体的宣传引导机制，利用传统媒体和新兴媒体传播真善美、贬斥假恶丑。二要把中华优秀传统文化引入社会德育教育，引导民众养成符合国家、社会、个人发展要求的价值观念。三要完善公共文化服务体系，加快推进市域图书馆、博物馆、科技馆、文化馆等文化基础设施建设，向公众推出形式多样的公益性讲座，增强群众的公德知识，使社会公德成为群众最普遍、最简单、最起码的行为准则。

其次，加强职业道德建设。职业道德是从业之本、立业之基，对于维护本行业的信誉，激发职工的积极性和创造性，提高全民族的思想道德素质具有重要意义。目前，不少行业存在职业道德失范的现象，重构良好的职业道德风尚需要标本兼治、多管齐下、综合治理。一要开展文明行业创建活动。大力倡导爱岗敬业、诚实守信、公道办事、奉献社会的职业道德，要善于挖掘中国传统文化中"诚信立事"的道德理念，提高各行业人员职业道德修养，激励人们把职业道德作为一种人生态度、工作习惯。二要引导各行业开展职业道德教育。邀请相关专家学者以讲座、培训的方式提升职工职业道德认知，从而将其内化为自身的行为准则。三要完善职业道德建设的激励机制。坚持以正面奖励为主，对职工的高尚行为给予肯定和奖励，从而强化这种行为的发生；对不道德的行为给予否定和惩罚，防止这种行为的再次发生。同时，将物质奖励和精神奖励有机结合，激发职工自觉遵守职业道德的动机。

　　再次,加强家庭美德建设。家庭美德是公民在家庭生活中遵循的基本行为准则,涵盖了夫妻、长幼、邻里之间的关系,包括尊老爱幼、男女平等、夫妻和睦、勤俭持家和邻里团结。加强家庭美德建设,对净化社会风气,保持社会安定团结具有十分重要的意义。习近平总书记对家庭、家教、家风非常重视,对此有过多次重要论述。党的十九届四中全会通过的《中共中央关于坚持和完善中国特色社会主义制度　推进国家治理体系和治理能力现代化若干重大问题的决定》提出:"注重发挥家庭家教家风在基层社会治理中的重要作用。"[①] 家庭是社会的细胞,是基层社会治理的重要基础。加强和创新基层社会治理,可以把家庭家教家风作为重要抓手,充分发挥其涵养道德、厚植文化、润泽心灵的德治作用,从而推动营造良好社会风尚,维护社会和谐安定。当前,随着我国社会转型加快,家庭美德建设出现了一些不和谐因素,解决这些问题成了当务之急。一要注重家教家风。注重言传身教,帮助孩子扣好人生的第一粒扣子,迈好人生的第一个台阶,推动人们在为家庭谋幸福、为他人送温暖、为社会作贡献的过程中提高精神境界、培育文明风尚,促使家庭成员特别是下一代的健康成长,长大后成为对国家和人民有用的人。二要弘扬中华民族传统美德。对中华优秀传统文化进行深入挖掘和阐发,使其与当代文化相适应、与现代社会相协调,把跨越时空、超越国界、富有永恒魅力、具有当代价值的文化精神弘扬起来,讲好新时代的家风故事。三要推进亲情建设。在市域范围广泛开展亲情凝聚活动,优化邻里关系,促进社会形成优良的社会秩序。

　　最后,加强个人品德建设。个人品德指通过社会道德教育和个人自觉的道德修养所形成的稳定的心理状态和行为习惯,集中体现为道德认知、道德情感、道德意志、道德信念和道德行为的内在统一。个人品德在社会道德建设中具有基础性作用,职业道德、家庭美德、社会公德的建设,最终都是要落实到个人品德的建设上来。加强个人品德建设,有助于厚植中国优秀传统伦理文化的内涵土壤,为推进思想道德教育现代化提供德性补给,有助于优化市域社会治理现代化的德治体系。加强个人品德建设,须多管齐下。一要提高人们的道德认识。要具备高尚的品德,就必须了解和把握社会各个生活领域的道德规范,了解和认识什么是善、什么是恶,什么是荣、什么是辱,

---

① 中共中央关于坚持和完善中国特色社会主义制度　推进国家治理体系和治理能力现代化若干重大问题的决定[M]. 北京:人民出版社,2019:30.

这样才能有一个明确的道德实践方向。二要陶冶人们的道德情操。有了某种道德认识，还需要炽热的道德情感，需要有一种对善的执着追求，在实践中形成稳固的道德情感。三要锻炼人们的道德意志。如果没有坚强的道德意志，就不能在道德实践中克服困难，坚持善良和正义，抵制邪恶和私欲，也就难以形成高尚的品德。四要引导人们养成良好的道德行为习惯。如果人们对于道德规范能够自觉遵守，乃至达到从心所欲而不逾矩的境界，个人品德自然能不断提升。

加强社会公德、职业道德、家庭美德、个人品德，营造全社会崇德向善的浓厚氛围，提高市域社会治理"善治"化水平，在此过程中，需要注意以下几个方面的问题。

第一，推进德治日常化。道德修养可以在日常生活中的方方面面、点点滴滴中体现出来。养成用道德来指导日常生活的习惯，并非一朝一夕就能实现，这是一个日积月累的长期过程。起初我们得刻意地用道德来指导生活，时刻在脑子里反思自己的行为是否符合道德的基本要求，若不符合，要及时纠正，久而久之，这种自省就会成为一种习惯，入脑入心。在做任何事情时，小到日常琐事，大到决定前途命运的事情，我们都会自然而然地用道德来指导自己的行为。德治的日常化是不间断的过程，不能"三天打鱼，两天晒网"，而是要做到每件事情都符合道德的要求，每天都进行反思、自省。发挥德治的作用不是只做临时口头宣传，而是要将道德的具体内容融入实践。

第二，推进德治具体化。我们在德治的过程中要有针对性，不能眉毛胡子一把抓。在市域社会治理中，若想让德治发挥作用，就需要具体分析治理对象和治理内容，使其尽可能地达到我们预期的目标和效果。要做到这一点，我们就要坚持根据不同情况、不同内容、不同对象分任务、分对象细化工作内容和程序。比如，不同年龄阶段的人接受能力不同，受教育程度也不同。通常，年龄越小的人学习能力越强，可塑性也越强，因此，必须重点关注青少年的思想道德教育，把学校、家庭和社会这三个环节有机结合起来，发挥其综合作用。又比如，同样是劳动者，但是来自不同的行业，其工作习惯和思维方式可能会千差万别，各自的受教育程度也不尽相同，在推进德治的过程中不能忽略这些差别，要进行分类引导和教育，使德治的作用得到更好发挥。

第三，推进德治形象化。发挥德治的作用不能只靠口头说教，不仅不能取得预期的效果，可能还会适得其反。机械地给群众讲述道德的内容，强制要求群众按要求来做，群众非但不愿意接受，还会对此产生反感。因此，邀请优秀干部代表和优秀群众代表为大家带头示范，让群众见贤思齐。选择以娱乐的形式传达道德的内容，比如，将道德的内容融入故事、评书、相声中，生动形象地把真善美的内涵传达给群众。通过文化建设提升居民的文化素质和道德修养，各个城市要注重以文化滋养道德，充分利用历史文化底蕴丰厚的优势，通过广场舞、道德讲堂、话剧以及主题公园等形式，引导人们讲道德、遵道德，从而构建起人们共同的精神家园。

第四节　推进总体规划，提升全民幸福指数

党的十九届四中全会提出，"建设人人有责、人人尽责、人人享有的社会治理共同体"①。据此，基层治理现代化要求在制度方面进一步凸显多元性、共同性和公共性，在治理境界方面强调各类社会主体和社会成员围绕共同的价值和规范，共享利益、共担责任、共同发展。

一、将人的现代化作为市域社会治理现代化的着眼点

市域社会治理的直接目标是化解市域社会矛盾、解决市域社会问题，终极目标是促进市域社会和谐稳定。把握市域社会治理目标，加快推进市域社会治理体系和治理能力现代化，首先要关注的是市域社会治理体系和治理能力现代化建设应该遵循的基本原则。具体来说，其包括以下几个方面。

一是根本原则。坚持中国共产党的领导。中国特色社会主义最本质的特征和最大的优势是中国共产党的领导。党的十九届四中全会明确了党委在社会治理中的领导作用，只有坚持党的领导，才能确保坚持和完善中国特色社会主义制度、推进国家治理体系和治理能力现代化的正确政治方向。在国家治理体系的大棋局中，党中央是坐镇中军帐的"帅"，车马炮各展其长，一盘棋大局分明，治国理政、社会建设、社会治理才有方向、有章法、有力量。因此，只有发挥各级党委的领导核心作用，市域社会治理现代化才能注

---

① 中共中央关于坚持和完善中国特色社会主义制度　推进国家治理体系和治理能力现代化若干重大问题的决定［M］.北京：人民出版社，2019：28.

入活的灵魂。要把党的领导作为贯穿市域社会治理现代化的主线，充分发挥集中力量办大事的优势，坚持党建引领，发挥党统揽全局、协调各方的作用，将市域范围内的不同区域、不同部门、不同行业、不同单位整合起来协同治理。

二是法治原则。依法治国是中国共产党领导人民治理国家的基本方略，是国家治理体系和治理能力的重要依托。党的十八大以来，我们坚持党的领导，人民当家作主与依法治国有机统一，坚持法治与德治相结合，坚持建设法治国家、法治政府、法治社会一体推进。在市域社会治理现代化进程中，只有坚持法治原则才能更好地引导公民规范自己的社会行为，更好地维护各单位、团体和公民的基本权益，才能为市域社会治理现代化提供制度保障，更好地保障和促进市域社会规范、有序运行，确保国家和社会长治久安。比如，应对疫情防控这类重大突发事件时，更须依法依规开展工作，鼓励人民群众尊法学法守法用法。伴随着法治建设的持续推动，我国法律规范体系日臻健全，为实现市域社会治理提供了法治保障。当然，与应对各种风险挑战的要求相比，现行的法律法规还存在不足，我们务必贯彻执行全面依法治国的基本方略，完善风险防控相配套的制度建设，建立健全监察机制、问责机制、奖惩机制以及民主协商机制，规范各级风险防控主体的治理行为，强化社会组织及个人的责任意识。

三是自治原则。自治是人们自我规范个体、群体、组织等社会活动的高级形态与过程，是现代社会治理的基本目标。从我国几十年的社会治理实践来看，由于政府大包大揽、管得过"宽"，大量事务和矛盾实际上都汇集到政府身上，对社会自我调节、居民自治空间产生了挤压与反向依赖，严重影响了城乡社区成员的参与性、主动性和积极性，基层社会自治作用发挥得比较有限。同时，面对日益多样多元的社会需求和海量的物流、人流、信息流，政府的手段有限、资源缺乏、力量严重不足，很多事务根本没法管，或是没法进行有效管理，尤其是有些敏感社会问题具有跨部门、跨行业、跨领域的特点，涉及众多利益主体，如果群众特别是各有关利益主体没有参与进来，仅靠政府进行协调、妥善解决各类问题面临着新的挑战。在全面深化改革进程中，为使市场在资源配置中起决定性作用，客观上要求进一步解决政府干预过多的问题，让社区企业、城乡社会成员（居民、农民）、社会组织发挥更大作用，这实际上也对基层社会自治提出了更高要求。社会自治是人民群众对基层公共事务的自我管理，是一种非政府行为，是基层民主的重要实现形式，其管理主体是社会组织或民间组织。社会自治鼓励和支持社会各方的参与,激发社会活力,促进政府治理和社会自我调节、居民自治良性互动。社会自治是人民当家作主的最直接形式,是社会主义民主政治的基础和重要特征。我们要深刻认识群众自治的重要性,健全自我管理、自我服务、自我教育、自我监督的自治建设体系,充分调动社会主体参与市域社会治理现代化的自觉性、主动性、创造性。

四是善治原则。良法善治、世界大同是人类社会自古以来梦寐以求的理想。善治是政府、社会团体、企事业单位、公民依法对公共事务共商共治,使公共利益最大化的一种社会治理模式。其内涵是依法保障人民对美好生活的向往,尽力解决好与人民群众密切相关的公共服务、民生保障、社会治安、公平正义等问题,真正增强人民群众的幸福感、安全感和获得感。必须坚持以人为本,摒弃管控思维,克服重效率、轻服务的倾向,实现有效与公平的有机调和。在市域社会治理过程中,政府要积极提供更多的社会服务,特别是在社会福利、生态平衡、义务教育、基础交通、公共安全等方面,要提高服务效率,避免人浮于事、办事拖拉、效率低下。同时,政府应逐渐放松对各项事务的管制,让公民和社会组织更多地参与到治理过程中。

五是德治原则。法德共治,是中国传统文化的精髓。在社会治理中必须坚持法治和德治相结合,既重视发挥法律的强制力作用,又重视发挥道德的教化作用,做到法治和德治两手都要抓、两手都要硬。德治是国家治理的重要方式,是社会治理方式现代化中体现传统文化精髓的重要标志。市域社会治理的德治体系以社会主义核心价值观为统领,依托社会公德、职业道德、家庭美德、个人品德建设,以德治心、以德聚人,凝聚"以人为本"的价值认同,培育平等尊重、开放包容的文化。充分发挥德治教化作用,在全社会形成崇德向善的浓厚氛围,增强推进市域社会治理现代化的内生动力。一方面,要全力打造崇德向善的社会氛围。倡导、宣传见义勇为,激励善行义举。在抗击新型冠状病毒疫情时期,一线医务人员白衣为甲、逆行出征,还有一批批志愿者被媒体和公众誉为当代最可爱的人,他们不惧牺牲、舍生忘死,这些都是德治最好的素材。另一方面,要及时整治失德败德突出问题。深入整治侵害妇女儿童和老年人合法权益问题、食品药品等重点领域失信败德问题、网络空间乱象问题、网上"黄赌毒""坑拐骗"等违法犯罪,推动形成健康有序的网络生态。坚持标本兼治、综合施策,让失德败德者付出沉重代价。

六是协商协同原则。党的十九届四中全会从加强国家治理体系和治理能力现代化的高度出发，对社会治理体系做出重要创新，将"民主协商"① 纳入社会治理体系中。这表明民主协商作为社会治理的重要方式在破解基层社会治理难题、寻求广泛共识、促进社会和谐稳定方面具有重要价值。民主管理、民主决策、民主监督是我国基层社会民主协商的重要职能。在民主管理过程中，民主协商改变了传统的以政府为中心的社会管理模式，使各社会主体通过平等对话沟通共同参与到公共事务的管理过程中。在民主决策过程中，民主协商改变了传统由少数人拍板决策的方式，通过协商交流的方式达成公共决策。在民主监督过程中，民主协商改变了以往监督缺失的情况，使民众能够面对面质询监督社会管理相关部门，确保政府行为能够始终维护公共利益。民主协商改变了过去"垂直式"的社会管理方式，通过构建对话交流平台使各主体充分参与、平等协商，最终实现合作共治，充分体现了基层社会治理以人民为中心的价值理念，从而全方位调动个人、社会组织的积极性、主动性，实现大家事大家办、大家事商量着办，使广大民众有机会、有渠道、有能力参与到社会治理的各领域和全过程，进一步提升人民群众生活的幸福感、获得感和安全感。

七是科技支撑原则。党的十九届四中全会审议通过的《中共中央关于坚持和完善中国特色社会主义制度　推进国家治理体系和治理能力现代化若干重大问题的决定》对"完善科技创新体制机制"② 作出一系列部署，强调"加快建设创新型国家，强化国家战略科技力量"③。这对发挥科技创新引擎作用、加快建设和完善科技创新治理体系具有重要意义。当今世界，信息技术蓬勃兴起，大数据、云计算、人工智能、区块链和5G等新兴技术迭代升级，深刻影响着社会治理理念、治理体系和治理方式，为社会治理体系和治理能力现代化提供了有力的基础性支撑。我们应抓住机遇顺势而为，充分发挥科技对社会治理的支撑作用，增强社会治理的预见性、主动性、科学性、时效性，更好地保持社会稳定、维护国家安全。一方面，做好顶层设计。在社会治理体制改革中着力推动大数据、人工智能、区块链等现代科技与社会治理的深度融合，打造智能化治理新模式，实现对社会运行的精确感知、对

---

① 中共中央关于坚持和完善中国特色社会主义制度　推进国家治理体系和治理能力现代化若干重大问题的决定［M］. 北京：人民出版社，2019：28.

② 中共中央关于坚持和完善中国特色社会主义制度　推进国家治理体系和治理能力现代化若干重大问题的决定［M］. 北京：人民出版社，2019：21.

③ 中共中央关于坚持和完善中国特色社会主义制度　推进国家治理体系和治理能力现代化若干重大问题的决定［M］. 北京：人民出版社，2019：21.

公共资源的高效配置、对异常情形的及时预警、对突发事件的快速处置，提升社会治理的科学化、精细化、智能化水平。另一方面，强化新技术应用。不断推动设施联通、信息互通、工作联动，形成智慧政务网，建设公共安全视频监控平台，打造信息化、智能化的社会治理数据采集和分析平台，借助科技促进管理力量精准配置，不断增强人民群众的获得感、幸福感、安全感。

相应地，基本思路是将人的现代化作为市域社会治理现代化的着眼点。人的现代化包括内、外两个层面：从内在看，包括意识、思想及观念的现代化；从外在看，包括个人获取物质内容的能力现代化以及社会各类保障机制的现代化。因此，我们要以推动人的现代化为标准，破除各种阻碍，以推进社会治理体制改革创新、提升资源分配整体水平、构建城镇各类资源等要素井然有序流动的服务平台为抓手，以发扬社会主义核心价值观为突破口，推动人的观念、意识和思想的现代化；通过教育序列和非教育序列的共同努力，不断提升居民的整体素质，逐步实现人的素养的现代化；通过政治、法治、德治、自治、智治"五治"实现各种规范互辅互补、相互融合，逐步促进群众行为模式的现代化。

大气污染治理行动精确连接市域社会治理具体方法的合理性。在国家环境保护政策的压力下，一些企业出现倒闭、停产等现象，企业员工面临失业、再就业等问题，容易引发一系列社会问题。其一，一些企业管理者无法适应企业转型升级的要求，政府部门要求企业关停改造，进而引发他们对相关规定的不满，可能产生信访、集会等群体性事件。其二，伴随着社会发展，老百姓关注的视角逐渐发生变化，对事关身体健康、生态保护等方面的认同感逐步提升，甚至因不认同企业在经营中造成的环境污染、生态破坏等问题集体上访。其三，环保企业停产升级的过程中，偶尔会出现一些工人非法偷盗、哄抢企业设施等事件，从而引发一系列社会治安问题。其四，企业停产期间，个别公职人员违规廉价转让国有土地使用权证、处理机器设备等资产，由此引发贪污受贿、失职渎职等严重职务违法和职务犯罪。

国家城乡融合发展战略精确对接市域社会治理系统的开放性。《关于建立健全城乡融合发展体制机制和政策体系的意见》提出推动5项城乡融合发展机制创新和29项计划，即不断完善有益于城乡发展各项要素的合理布局、城乡基本公共文化服务资源共建共享、城乡基础设施建设一体化等。这一政策的颁布既有利于城乡之间的统筹发展，又对实现社会治理现代化起到了基础性作用。只有把市域社会治理现代化嵌入国家城乡融合战略定位管理体系中，紧跟这一发展战略，才可以有的放矢、久久为功；相反，如果不顾及市域社会治理现代化的基本条件、体制机制及比较优势，以及在其执行过程中出现的各种新情况、新内容，而只限于对在治理过程中出现的一些难题提出解决办法，不但无法达到预期目标，还会"矮化""模糊化"国家城乡融合发展战略的推动执行。因而，应积极推进市域社会治理现代化与国家城乡融合战略定位精准连接，以市域社会治理的成效展现发展战略的作用。

二、以"共建共治共享"推动市域社会治理现代化进程

市域社会治理要遵照规律、分类治理。为了更好地掌握市域社会发展的特性，可以将市域社会分成生产空间、文化空间、科技空间、街边空间、小区空间等不同类别，进而多层次立体化了解市域社会发展的特性。小区空间是居民日常最基本的生存空间，承载着居民的日常生活，因而社区治理应该更加精细化，并充分发挥物业和居委会与居民沟通的桥梁作用。街边空间因其特殊的地理位置，常常人群聚集、人车混流，整治难点主要表现为交通堵塞、安全事故、城市管理等，有关部门、社团组织应将街边空间的整治列入专门整治领域。

新型冠状病毒疫情的反复与多变，使治理者深切体会到在全球化与流动性叠加、信息化与风险性强化、网络化与不确定性共振的形势下，"秩序"生成的变量复杂而难控。任何传统范式、任何单一力量、任何单一职能部门都不足以解决自身面临的秩序难题。这不仅意味着原有范式的失效，更意味着治理难题的蔓延和衍生。也正是在这一意义上，有的理论家倾向于将"治理"理解为维系或完成秩序的手段。在目的论视角下，治理也自然而然地被视为多主体围绕问题解决而实现"良序"的过程。不过，"市域"在空间意义上的综合性与"市域社会"在治理对象上的复杂性，共同决定了单维的治理理论并不具备分析上的适配性。也正是在此意义上，中国特色社会主义制度框架内的市域社会治理及其现代化，必然是"共建共治共享"的市域社会治理及其现代化。

首先，市域社会治理的整体性与多中心性，决定了市域社会治理及其现代化必然是纵横各主体参与的治理过程。在治理对象本身越来越具有"议题"性的当前，整体性治理对克服甚至超越部门本位主义、层级间功能碎片化、机构间服务裂解化等问题具有明显优势。但"整体"导向下"整合"导致的部门专业化被弱化、部门间权责被模糊、下级主动性被架空等问题，并不符合治理需实现的"整体性目的"。所以，单是整体性治理并不足以支撑

市域社会治理现代化所需要的理论架构。毕竟，市域社会在具有整体性的同时，也具有"多中心性"。从市域社会治理及其现代化的目的取向看，整体性治理与多中心治理其实是一体两面的关系结构。一方面，整体性是尊重多元、直面多元的整体性。只有具备整合多元之差异的整体性，才能真正服务于现代社会复杂的治理需求。另一方面，多中心是治理取向上聚焦整体性的多中心。多中心治理，并不是各自为政、各唱各调，而是在规则和规范共识的基础上以共同议题、共同目的为中心。这也就意味着，只有把整体性与多中心结合起来，市域社会及其相应的治理特征才能得到准确的理论观照。

无论从国家治理的宏观视角看，还是从基层治理的微观视角看，"市域社会治理"与多元协同的"社会治理共同体"之间都存在理论与实践的双重交集。在理论层面上，市域社会治理及其现代化的目的取向本身就内含了治理共同体在内的各类"共同体"的形成。也就是说，让市域社会在多元协同基础上走向"共同体化"，是市域社会治理现代化的实质；在"市域"空间，社会治理共同体不仅自身是共同体，还是促进市域社会成为"理想共同体"的共同体。在实践层面上，"市域"在中国行政体系中的"中间性"，使市域社会治理既能克服县域社会治理在实践探索上的碎片化，也能克服国家治理在执行层面的抽象化。换言之，从社会治理的全局和整体上看，市域无疑是介于国家与基层之间的枢纽，因而具有结构上的连接性。而社会治理无论是作为过程还是作为目的，治理共同体在其中的连接性都具有基础性。更何况，没有社会治理共同体在治理中的连接性，市域作为"社会"的连接性和作为行政层级的连接性都难免成为无本之木。

现代化的治理必须充分基于不同层级。国家治理落到基层，中间必须有适当的层级性主体作为"转轴"。在曾经的治理实践中，县域就是这样的转轴。从既有的治理实践来看，无论是治理规模的可把控，还是区域社会同质化程度的可驾驭，县域都是探索治理创新的主阵地。但县域层级的主动权有限，容易成为其探索治理创新的桎梏。尤其是县域缺乏必要的立法权，治理探索的制度供给、成果巩固面临临界效应的刚性阻遏。换句话说，县域在治理实践创新探索的支撑体系上面临诸多制度性障碍。比县域高一个层级的市域，具备克服这些制度性障碍的"制度性"基础。尤为重要的是，城镇化对治理现代化的基础性作用，决定了市域这个层级的重要性——只有市域才能将国家层面上的政策红利及时转化为推进区域社会城镇化的动力，同时也能将区域城镇化的成果及时转化为国家发展所需的动力。

其次，市域社会治理的层级特殊性和任务综合性，决定了数字化技术以智慧治理为目的而嵌入的必要性。面对技术更新与社会变化的叠加并轨，治理创新最直接的目的是通过合理范围内的结构调整，带来组织功能的提升。从结构功能主义的角度看，政府本身就是一个包含各种元素的系统，其功能定位和权力关系是治理结构构建的关键。而数字化技术通过技术逻辑的关系和结构可以直接作用于组织系统，影响内在机理和实践状态。同时，组织运作的成本可以转化为规模可控的技术投入。另外，直观呈现的一体化平台是政府治理的重要载体。在该平台之内，各个部门的分散职能实现整合与集成；平台之外是日益塑造的新型智慧思维政务文化。在此互动中，结构得到技术修正，信息在流动中常态化和流程化。信息权力的重塑必然进一步促进组织的规范性，实现政府行为向更开放、更灵活的方向发展，增强组织的自主性和协作性。

可以说，正是科技嵌入政府治理成就智慧治理。技术使政府治理的对象和外部环境发生了相应的变化，量化与建模日益转变人们的思维。政府内部的绩效压力也促使其寻求更先进的方式改革政府治理运转方式。技术与政府结构之间呈现出一种互动（互构）关系。从实践层面看，现代技术正在成为一个持续推动的长效变量，能将自己的网络化、多样化、动态性和整体性等特征属性"无排异"地移植到组织结构和运行当中，与其成为一体，形成一个优化升级后的组织状态。

再次，在市域社会治理现代化进程中，协调联动既是关键的动力之源，也是实现动力整合并规整其努力方向的体制机制。市域社会的整体性，内在要求治理必须着眼于整体；市域社会本身是城乡共在的综合体，是多元利益主体共生的综合体，治理的基本原则内在要求所有的治理实践必须多元兼顾。因此，市域社会治理及其现代化必然是整体治理与多中心治理辩证统一的进程。

在系统化的治理实践中，层级与治理在结构和功能上的对应是治理重要的运行规律。治理的层级越高，治理的政治性越凸显，就更加强调治理的公平性与合法性；治理层级越低，治理的社会性就越凸显，就更加强调治理中社会事务的处置。从治理结构功能来看，市域属于省和县之间的中间层级，是承上启下的桥梁和纽带，能够将治理的政治性和社会性有机统一起来。就治理方式而言，省域以上的治理偏重于指导性和宏观性，县域治理更具有针对性和单元性。市域在层级上的特殊性使其治理方式可综合省城、县城这两个层级的优势。新型冠状病毒疫情防控中的市域社会治理实践表明，风险治理离不开资源的有效调度和成本管控。政府是风险治理的主导者，在高度应急的状态下,更需要强调政府绩效管理与成本控制的应用实践,以公共产品输出的最大化来抗击危机。在历史的积淀中,市域在要素和资源方面都形成了一定的规模效益,具有解决问题的基础实力。各个要素和资源互动互构的机制更为完备,不管统筹还是调度,都更为顺畅和灵活。在风险防控中,资源的协同和流动更为重要,市域层级能最大限度地承担辐射更大范围的联动与合作,防止基层社会出现碎片化、无序化和低层次竞争。

最后,以政治、自治、法治、德治、智治为核心内容的"五治融合",是市域社会治理及其现代化进程中不断做实"共建共治共享"的有力抓手。政治引领在市域社会治理中起决定性、根本性作用,要坚定政治方向、强化政治领导、夯实政治根基。自治是以人民群众、社会组织为主体的自我管理、自我服务、自我完善的一种治理方式,是基层社会运行的基石,是与"枫桥经验"运用群众路线化解矛盾的精髓最契合的质的体现。要优化市域社会治理的自治体系,包括基层群众的民主协商机制、基层群众的自我管理和监督体系、社会组织和居民的自治体系,以及工会、职工代表大会的民主化管理模式;健全社团组织自治体制,让城乡社会组织在基层社会治理中充分发挥协同效应。法治是基层社会治理现代化的主要标志和根本保障,要完善市域社会治理的法治体系,根据市域社会可能面临的问题,合理运用市域层级的立法权限,通过制定与市域发展相适应的中长期立法规划,优化法治体系,夯实法治基础;在司法方面,积极整合各部门资源,建立公平高效的市域社会治理法制执行体系,坚持依法行政、严格执法、公正司法。德治通过道德教化,提升公民道德素养,以实现良好的社会秩序和社会风尚,它是基层社会治理现代化的根基。要逐步完善包括社会公德、职业道德、家庭美德、个人品德在内的道德体系,逐步引导群众在不同的社会关系中都能够做到自律、自觉,用道德机制实现自我约束与管控。智治的支撑作用,是打造市域社会治理的动力,要推进"智防风险""智辅决策""智助司法"以及"智利服务"。

市域社会治理,在其作为一个概念或范畴被提出之初,侧重点是强调市域对其辖区内社会风险的有效防控,但若防控不以充分保障、充分激发辖区内社会发展活力和动力为目的,而只是以自身为目的,那显然是对目的的异化。市域社会的治理,是全面推进和促进市域社会不断发展的治理。市域社会的发展,是在不断追求高质量治理效能中的发展。能否处理好发展和治理的辩证关系,是市域社会治理现代化助力国家治理体系和治理能力现代化成败之关键。

参考文献

一、普通图书

陈那波，张程，2022. 中国市域社会治理评估报告［M］. 北京：社会科学文献出版社.
邓小平，1983. 邓小平文选：第2卷［M］. 北京：人民出版社.
邓小平，1989. 邓小平文选：第1卷［M］. 北京：人民出版社.
邓小平，1993. 邓小平文选：第3卷［M］. 北京：人民出版社.
龚维斌，2021. 社会治理新论［M］. 北京：人民出版社.
江泽民，2006. 江泽民文选：第1卷［M］. 北京：人民出版社.
江泽民，2006. 江泽民文选：第2卷［M］. 北京：人民出版社.
江泽民，2006. 江泽民文选：第3卷［M］. 北京：人民出版社.
沈永东，2022. 社会组织参与社会治理创新［M］. 杭州：浙江大学出版社.
唐亚林，陈水生，2022. 市域社会治理现代化与智慧治理［M］. 上海：复旦大学出版社.
童星，2018. 中国社会治理［M］. 北京：中国人民大学出版社.
王春光，2021. 市域社会治理现代化的台州探索［M］. 北京：社会科学文献出版社.
王大鹏，2020. 推进市域社会治理现代化［M］. 北京：红旗出版社.
魏礼群，2021. 全面建成小康社会与推进社会治理现代化［M］. 北京：中共中央党校出版社.
习近平，2007. 之江新语［M］. 杭州：浙江人民出版社.
习近平，2018. 习近平谈治国理政：第1卷［M］. 北京：外文出版社.
习近平，2017. 决胜全面建成小康社会　夺取新时代中国特色社会主义伟大胜利——在中国共产党第十九次全国代表大会上的报告［M］. 北京：

人民出版社.

习近平,2017. 习近平谈治国理政:第2卷[M]. 北京:外文出版社.

习近平,2020. 习近平谈治国理政:第3卷[M]. 北京:外文出版社.

习近平,2022. 高举中国特色社会主义伟大旗帜　为全面建设社会主义现代化国家而团结奋斗——在中国共产党第二十次全国代表大会上的报告[M]. 北京:人民出版社.

习近平,2022. 习近平谈治国理政:第4卷[M]. 北京:外文出版社.

肖尧中,2022. 市域社会治理现代化的理论与地方实践研究[M]. 成都:四川大学出版社.

辛全龙,2021. 市域社会治理现代化问题研究[M]. 济南:山东大学出版社.

杨新欣,2021. 新发展格局下市域社会治理现代化研究[M]. 济南:山东大学出版社.

俞可平,2000. 治理与善治[M]. 北京:社会科学文献出版社.

俞可平,2014. 论国家治理现代化[M]. 北京:社会科学文献出版社.

张静,2019. 社会治理:组织、观念与方法[M]. 北京:商务印书馆.

郑泰安,2022. 成渝地区双城经济圈市域社会治理现代化研究[M]. 北京:法律出版社.

中共中央文献编辑委员会,1991. 毛泽东选集:第1卷[M]. 北京:人民出版社.

中共中央文献编辑委员会,1991. 毛泽东选集:第2卷[M]. 北京:人民出版社.

中共中央文献编辑委员会,1991. 毛泽东选集:第3卷[M]. 北京:人民出版社.

中共中央文献编辑委员会,1991. 毛泽东选集:第4卷[M]. 北京:人民出版社.

中共中央宣传部,2021. 习近平新时代中国特色社会主义思想学习问答[M]. 北京:学习出版社.

二、期刊

陈成文,2020. 市域社会治理的行动逻辑与思维转向[J]. 甘肃社会科学

(6): 56—63.

陈静, 陈成文, 2022. 协同治理: 市域社会治理现代化的目标取向 [J]. 贵州师范大学学报 (5): 43—52.

陈一新, 2018. 新时代市域社会治理理念体系能力现代化 [J]. 社会治理 (8): 5—14.

池忠军, 亓光, 2015. 国家治理途径的社会治理 [J]. 理论学刊 (7): 69—75.

龚维斌, 2014. 社会治理是社会管理的升级版 [J]. 理论视野 (1): 31—34.

顾元, 2020. 市域社会治理的传统中国经验与启示 [J]. 中共中央党校 (国家行政学院) 学报 (4): 111—121.

郭少华, 2022. 新时代市域社会治理现代化的功能定位、制约因素与建构路径 [J]. 重庆社会科学 (11): 24—36.

郭晓东, 黄建军, 2013. 当代服务型政府社会治理模式的实践转向 [J]. 湖北社会科学 (2): 24—27.

郭晔, 2022. 论中国式社会治理现代化 [J]. 治理研究 (3): 89—100.

何阳, 娄成武, 2021. 市域社会治理现代化的理论蕴涵及建构路径 [J]. 求实 (6): 71—82.

李丰, 2013. 社会治理模式嬗变中的"总与分" [J]. 理论月刊 (1): 139—142.

李晓燕, 2022. 市域社会治理现代化中基层治理的进阶式发展 [J]. 北京社会科学 (7): 118—128.

刘鹏飞, 2021. 市域社会治理的障碍因素及应对策略——基于马克思主义空间政治经济学的新视角 [J]. 学习与探索 (12): 48—55.

麻宝斌, 任晓春, 2011. 从社会管理到社会治理: 挑战与变革 [J]. 学习与探索 (3): 95—99.

马海韵, 2021. 市域社会治理中的公众参与: 理论框架与实践路径 [J]. 行政论坛 (4): 113—120.

庞金友, 2020. "中国之治"的市域之维 新时代市域治理现代化的逻辑与方略 [J]. 人民论坛 (35): 78—80.

戚学祥, 钟红, 2014. 从社会管理走向社会治理 [J]. 探索 (2): 66—69.

陶希东, 2010. 中国特大城市社会治理模式及机制重建策略 [J]. 社会科学 (11): 78—86.

汪倩倩，2015. 社会治理视域下我国公民意识培育研究［J］. 理论与改革（3）：181－184.

王阳，熊万胜，2021. 市域社会治理现代化的结构优势与优化路径［J］. 中州学刊（7）：81－87.

王志立，刘祺，2023. 数字赋能市域社会治理现代化的逻辑与路径［J］. 中州学刊（2）：73－81.

魏礼群，2023. 新时代十年我国推进社会治理现代化的重大创新与成就［J］. 行政管理改革（4）：4－10.

吴莹，2023. 总体国家安全观视域中的社会治理［J］. 求索（2）：180－187.

谢小芹，2020. 市域社会治理现代化：理论视角与实践路径［J］. 理论学刊（6）：86－94.

谢小芹，姜敏，2021. 政策工具视角下市域社会治理现代化政策试点的扎根分析——基于全国60个试点城市的研究［J］. 中国行政管理（6）：98－104.

徐汉明，2020. 市域社会治理现代化：内在逻辑与推进路径［J］. 理论探索（1）：13－22.

许晓东，芮跃峰，2021. 市域社会治理现代化：体系建构与路径选择［J］. 社会主义研究（5）：125－131.

杨磊，许晓东，2020. 市域社会治理的问题导向、结构功能与路径选择［J］. 改革（6）：19－29.

姚尚建，2021. 城市治理的区域扩散——市域治理现代化的视角［J］. 江苏行政学院学报（5）：104－110.

张帆，2023. 探索市域社会治理现代化的时代命题——基于社会矛盾化解范式转换的视角［J］. 城市问题（4）：12－20.

张康之，2008. 论社会治理中的协作与合作［J］. 社会科学研究（1）：49－54.

张文显，2020. 新时代中国社会治理的理论、制度和实践创新［J］. 法商研究（2）：3－17.

周振超，侯金亮，2021. 市域社会治理法治化：理论蕴含、实践探索及路径优化［J］. 重庆社会科学（8）：120－132.

祝灵君，2020. 党领导基层社会治理的基本逻辑研究［J］. 中共中央党校（国家行政学院）学报（4）：37－45.

后　　记

　　本书围绕坚持和完善中国特色社会主义制度、推进国家治理体系和治理能力现代化，坚持以人民为中心的发展思想，以防范化解市域社会治理难题为突破口，探索市域社会治理现代化理论与实践。

　　市域社会治理是国家治理和基层治理的关键环节，同时也是国家治理的重要基石。党的多次重要会议提到推进市域社会治理现代化，凸显了市域社会治理现代化的重要性和紧迫性。同时，随着阶层利益结构的调整、人口流动性的加剧、新型社会风险传导性的增强，市域正在成为社会矛盾和社会风险的产生地和聚集地。因此，市域社会治理现代化的提出具有重大的理论意义和实践意义。加快推进市域治理现代化，直接关系到国家治理体系和治理能力现代化顶层设计的落实落地，直接关系到市域社会的和谐稳定，直接关系到党和国家的长治久安。市域治理现代化为实现"两个一百年"奋斗目标、实现中华民族伟大复兴的中国梦提供了有力支撑。

　　本书在撰写过程中参考了大量的文献资料并借鉴了前人的丰富经验，在此表示感谢。由于撰写时间限制，加之笔者水平有限，书中难免存在疏漏与不足之处，希望专家、学者以及广大读者批评指正，以使本书更加完善。

著　者

2023 年 5 月 1 日